Goldene Regeln
der Achtsamkeit

AF645274

Thich Nhat Hanh

GOLDENE REGELN DER ACHTSAMKEIT

Herausgegeben von
German Neundorfer

HERDER

FREIBURG · BASEL · WIEN

Taschenbuchausgabe 2022

MIX
Papier | Fördert gute Waldnutzung
FSC® C014496

© Verlag Herder GmbH, Freiburg im Breisgau 2013
ISBN 978-3-451-30725-6

© Verlag Herder GmbH, Freiburg im Breisgau 2022
Alle Rechte vorbehalten
www.herder.de

Umschlaggestaltung: Gestaltungssaal, Rohrdorf
Umschlagmotiv: © Olga_C/Shutterstock

Layout und Satz: Tina Agard Grafik & Buchdesign, Esslingen am Neckar,
www.tina-agard.de
Herstellung: GGP Media GmbH, Pößneck

Printed in Germany

ISBN 978-3-451-03347-6

Inhalt

Vorwort

New York, April 1967. In der Riverside Church hält Martin Luther King eine bemerkenswerte Rede. Es ist das erste Mal, dass der Friedensnobelpreisträger das Wort ergreift und sich gegen die Verstrickung seines Landes in den schon seit Jahren schwelenden Vietnamkrieg wendet. Diese Rede – »Beyond Vietnam« – wird zu seinen bewegendsten und hellsichtigsten zählen. Und ihr liegt ein sehr konkreter Anlass zugrunde. Zwei Jahre zuvor hatte Martin Luther King einen offenen Brief erhalten, worin ihm der Hintergrund der Selbstverbrennungen buddhistischer Mönche in Vietnam erklärt wurde. Der Brief mündete in den Appell an King, Stellung zu beziehen gegen den verheerenden Krieg in Vietnam. Verfasser war kein anderer als der vietnamesische Mönch Thich Nhat Hanh.

Ein Leben auf der Suche nach Frieden ging dem voraus. Als Thich Nhat Hanh 1926 als Nguyen Xuan Bao in Zentralvietnam geboren wurde, stand seine Heimat noch unter der repressiven französischen Kolonialverwaltung. Der 1946 beginnende Erste Indochinakrieg läutete das Ende der Herrschaft Frankreichs ein und führte Vietnam in eine Jahrzehnte währende Phase der Kriege und Bürgerkriege. Thich Nhat Hanh war Kind jener friedlosen Zeit. Im Alter von sechzehn Jahren trat er in das Zenkloster Tu Hieu ein. Er musste Zeuge werden, wie ein in sich zerrissenes Land immer mehr zum Spielball geopolitischer Interessen im Kalten Krieg geriet. Womöglich war es kein Zufall, dass er ausgerechnet 1954, dem Jahr der Teilung in den kommunistischen Norden und antikommunistischen Süden, an die Öffentlichkeit trat, als er in einer vietnamesischen Tageszeitung in einer Artikelserie zu einem andern Blick auf den Buddhismus aufrief – und damit ein Thema berührte, das ihn nicht mehr verlassen sollte.

Ein anderer Buddhismus, ein engagierter Buddhismus – diesen Begriff prägte Thich Nhat Hanh in den Sechzigerjahren. 1961 hielt er sich in Princeton, USA, auf, wo er vergleichende Religionswissenschaften studierte. Zwei Jahre später kehrte er in das von den Bürgerkriegswirren zerstörte Vietnam zurück, gründete 1964 den Tiep-Hien-Orden (Intersein-Orden) und versuchte, die Lehren des Buddhismus in konkrete Friedenspolitik umzusetzen. Man wollte sich keiner der beiden streitenden Parteien anschließen, weder den Kommunisten noch den Anti-Kommunisten, beachtete die strikteste Neutralität, wollte die Stimme des vietnamesischen Volkes sein und diesem geknechteten Volk helfen. Und man geriet zwischen alle Fronten.

Aus dieser Zeit stammt der Brief an Martin Luther King. 1966 endlich, Thich Nhat Hanh hält sich ein zweites Mal in den USA auf, kommt es zur Begegnung der beiden. Martin Luther King ist aufs Äußerste beeindruckt von dem buddhistischen Gelehrten, und er schlägt Thich Nhat Hanh für den Friedensnobelpreis vor. In seinem im Januar 1967 verfassten Brief an das Nobelpreiskomitee beschreibt er Thich Nhat Hanh als »heiligen Mann«. War es die Initiative Martin Luther Kings, die das Komitee verschreckte? Oder war es die Furcht, in einem aktuellen Konflikt die Stimme zu erheben? 1967 jedenfalls wurde der Friedensnobelpreis nicht verliehen.

Ein anderer, ein engagierter Buddhismus – dieser Blick sollte bestimmend bleiben für das Leben Thich Nhat Hanhs. Ein Leben, das auch weiterhin geprägt war von einem ungebrochenen Einsatz für Frieden und Versöhnung. Und von einem Engagement, das den Wurzeln des Streits und der Konflikte mit einer buddhistischen Antwort begegnen wollte. Es war nicht der traditionelle Buddhismus, der hier zum Tragen kam. Der Buddhismus, wie Thich Nhat Hanh ihn verstand und versteht, sollte sich öffnen, sollte ein engagierter Buddhismus sein, ein Buddhismus, der sich dem Menschen und seinem Alltag zuwendet.

Achtsamkeit bildet dabei das Zentrum. Achtsamkeit bedeutet höchste Aufmerksamkeit sich selbst und der Umgebung gegenüber. Und so führt das Ausüben der Achtsamkeit nicht etwa dazu, ein von der Welt abgewandtes Leben zu führen – im Gegenteil: Die Praxis der Achtsamkeit ist Zuwendung zur umgebenden Welt, zu den Mitmenschen, den Mitgeschöpfen, zu Mensch, Tier und Pflanze. Achtsamkeit bedeutet bedingungslose Gegenwart, bedeutet, sich dem Hier und Jetzt zu öffnen, präsent zu sein in jedem Augenblick.

Wollen wir Achtsamkeit verstehen und begreifen, dann führt der Weg weiter zu dem, was Thich Nhat Hanh Intersein nennt. Die Weisheit der Nicht-Unterscheidung besagt nichts anderes, als dass alles Leben zusammenhängt, eine große Einheit bildet, sodass das Leid oder die Freude, die ich anderen bereite, mein Leid und meine Freude sind, da ich und die anderen eins sind. Diese Verbundenheit allen Lebens bildet den Urgrund für die Friedensarbeit Thich Nhat Hanhs. Hieraus entwickelt er auch eine Bio-Ethik, die uns dazu auffordert, die Schöpfung zu bewahren.

Die Friedensarbeit Thich Nhat Hanhs hebt sich deutlich ab von groß angelegten politischen Konzepten. Ihr Ansatz liegt im zwischenmenschlichen Bereich, aber auch bereits im Umgang des Einzelnen mit sich selbst. Es ist eine Friedensarbeit, die sich den Beziehungen zuwendet, dem liebevollen, achtsamen Umgang miteinander. Und die weiß: Alles ist eins. Im Umgang mit mir selbst erlerne ich den Umgang mit dem anderen. Und umgekehrt. Bin ich mir jedes Augenblicks bewusst, übe ich Achtsamkeit, dann kann ich erfahren, Teil eines Ganzen zu sein.

Der Alltag steht im Zentrum vieler Schriften Thich Nhat Hanhs. Hier ist der Ort, wo wir Achtsamkeit Tag für Tag üben können. Ob beim Aufstehen, Kochen oder Telefonieren – unorthodox zeigt Thich Nhat Hanh, dass Meditation nichts Abgehobenes, Weltentrücktes ist, sondern im Hier und Jetzt praktiziert werden kann. Und dass Meditation zurückführt hin zur Welt. Wir dürfen neue Formen der Meditation erleben: Gehmeditation, Sitzmeditation oder auch Umarmungsmeditation und Telefonmeditation. Sie alle führen uns zu einem achtsamen Umgang miteinander und zu einem Bewusstwerden des Interseins. Auch das ist Friedensarbeit.

Aufgrund seines unermüdlichen Engagements galt Thich Nhat Hanh in Vietnam lange als Persona non grata. Sein Heimatland durfte er über Jahrzehnte hinweg nicht mehr betreten. Also gründete er in den Siebzigerjahren eine Gemeinschaft in Frankreich, seit den Achtzigerjahren lebt er in Plum Village in der Nähe von Bordeaux. Sein Kampf für den Frieden reicht bis in die Gegenwart, wie etwa sein Einsatz für die Boat People oder für die Versöhnung von Israelis und Palästinensern eindrucksvoll vor Augen führt. Erst 2005 konnte Thich Nhat Hanh Vietnam wieder besuchen.

Dieses Buch will einen Blick eröffnen auf den Reichtum und die Vielfalt dessen, was Thich Nhat Hanh als Achtsamkeit bezeichnet.

I

Auf dem Weg der Achtsamkeit

Je eher, desto besser

Jemand fragte mich: »Thây, wann weiß ich, dass ich für die Achtsamkeitsübungen bereit bin?«
Ich antwortete: »Je eher, desto besser!« *Fünf Pfade, 33*

Das Leben mit all seinen Wundern

Die Energie der Achtsamkeit hilft uns dabei, vollkommen gegenwärtig zu sein. Wenn wir ganz gegenwärtig sind, können wir erkennen, was in uns und um uns herum geschieht. Was da ist, ist das Leben mit all seinen Wundern. Vor unseren Augen ist das Leben mit all seinen Wundern und sind die Menschen, die wir lieben.
Augenblick, 55

Was ist Achtsamkeit?

Achtsamkeit ist die Fähigkeit zu sehen, was im gegenwärtigen Augenblick geschieht. Wenn uns die Energie der Achtsamkeit zur Verfügung steht, dann sind wir wahrhaft gegenwärtig, vollkommen lebendig und empfinden jeden Moment unseres Lebens auf sehr tiefe Weise. Ob wir kochen, abwaschen oder putzen, sitzen oder essen, all dies sind Gelegenheiten, diese Energie zu erzeugen. Gleichzeitig hilft sie uns zu unterscheiden, was wir tun und was wir besser unterlassen sollten. Sie hilft uns, Schwierigkeiten und Fehler zu vermeiden; sie schützt uns und wirft Licht auf unser tägliches Handeln. *Art, 30*

Im Kreis laufen

Ach du, die du im Kreise läufst,
bitte höre auf damit.
Warum tust du das?

»Ich kann nicht sein, ohne zu laufen,
weil ich nicht weiß, wohin ich gehen soll.
Deshalb laufe ich im Kreis.«

Ach du, der du im Kreise läufst,
bitte hör auf.

»Aber wenn ich damit aufhöre,
höre ich auf zu sein.«

Ach meine Freundin, mein Freund,
die ihr im Kreise lauft,
ihr seid doch nicht eins mit dem verrückten
Im-Kreis-Laufen.

Ihr könnt auch am Laufen Freude haben,
ohne im Kreis zu gehen.

»Wohin kann ich gehen?«

Geh dorthin, wo du dein Liebstes findest –
dorthin, wo du dich selbst findest.

Hier und Jetzt, 21f

Hundertprozentig

Können Sie sich vorstellen, wie viel Macht unsere Handlungen haben, wenn jede einzelne mit hundertprozentiger Aufmerksamkeit durchgeführt wird? *Art, 51*

Alles, was Sie achtsam tun, ist Meditation.

Der gegenwärtige Moment

Das letztendliche Ziel des Lebens ist es, zu sein, das heißt auf eine Weise zu leben, dass eine Zukunft möglich wird. Das Beste, was wir für unsere Zukunft tun können, ist, dass wir uns so gut, wie wir es vermögen, um den gegenwärtigen Moment kümmern. Wenn wir in den gegenwärtigen Augenblick investieren, dann investieren wir in die Zukunft. *Augenblick, 13*

Die Insel der Achtsamkeit

Bevor der Buddha starb, lehrte er seine Schüler, Zuflucht zu der Insel der Achtsamkeit in sich selbst zu nehmen, indem sie Achtsamkeit beim Sitzen, Gehen, Atmen und bei jeder anderen Aktivität des täglichen Lebens übten.

Hier und Jetzt, 93

Achtsamkeit ist Erleuchtung, Verstehen, Mitgefühl, Befreiung und Heilung.

Unser Leiden mit Achtsamkeit umarmen

Achtsamkeit heißt, sich bewusst zu sein, was im gegenwärtigen Augenblick geschieht. Wenn wir einen friedvollen, glücklichen Schritt machen und wissen, dass wir einen friedvollen, glücklichen Schritt machen, dann ist Achtsamkeit vorhanden. Wenn wir achtsam ein- und ausatmen, sehen wir die vielen Elemente des Glücks, die uns bereits zur Verfügung stehen.

Achtsamkeit ist Erleuchtung, Verstehen, Mitgefühl, Befreiung und Heilung. Wenn wir alles mit Achtsamkeit berühren, wird sich uns die Welt in ihrer ganzen Herrlichkeit offenbaren. Achtsamkeit lässt unsere Augen, unser Herz, unseren Nicht-Zahnschmerz, den Mond und die Bäume tief und wunderschön aufleuchten. Wenn wir unser Leiden mit Achtsamkeit umarmen, fangen wir an, es zu verändern. Wenn unser Leiden von Achtsamkeit gehalten wird, verliert es an Stärke.

Hier und Jetzt, 93f

Die Energie der Achtsamkeit

Achtsamkeit versetzt uns in die Lage, die Dinge so zu sehen, wie sie sind. Wenn Sie achtsam sind, werden Sie sich bewusst, was um Sie herum vorgeht, was jetzt, in diesem Augenblick, geschieht. Nehmen Sie etwas Positives wahr, dann wird Ihnen dies Freude schenken; das Bewusstwerden dieser positiven Elemente kann Sie nähren und heilen. Im Falle von etwas Negativem hilft Ihnen Achtsamkeit dabei, das Negative zu umarmen und zu beruhigen; Sie werden Erleichterung verspüren. Achtsamkeit ist eine Energie, die Schmerz und Leiden tragen und umarmen kann – unsere Wut, unsere Verzweiflung. Wenn Sie wissen, wie Sie Ihr Leiden lange genug umarmen können, dann werden Sie mit Sicherheit bald Erleichterung und Linderung verspüren. *Art, 30f*

Die wiederkäuenden Kühe

Unser Geist ist wie ein Kassettenrekorder, der Tag und Nacht eingeschaltet ist. Wir sind nicht im gegenwärtigen Moment, denn unser Denken, unsere Sorgen halten unseren Geist beschäftigt. Wir verlieren uns vielleicht in unserer Vergangenheit, wir bedauern, was in der Vergangenheit geschehen ist, oder sind gefangen im Leiden, das wir in der Vergangenheit erfahren haben. Wir haben schon in der Vergangenheit gelitten, nun wollen wir weiter leiden, indem wir uns immer wieder daran erinnern. Wir rufen uns unsere Vergangenheit ins Gedächtnis, um mehr zu leiden. Warum wollen wir unser Leiden viele Male durchleben? Wenn Kühe Gras fressen, dann schlucken sie es hinunter, dann holen sie es wieder hoch und kauen wieder und schlucken es ein zweites Mal hinunter. Viele von uns handeln genauso. Wir haben bereits in der Vergangenheit gelitten. Aber wir möchten unser Leiden wieder gegenwärtig werden lassen und noch mehr leiden. Wir mögen das.

Hier und Jetzt, 44f

Das Leben und seine vielen Wunder sind in uns und außerhalb von uns vorhanden.

Wo das Leben stattfindet

Die Zukunft ist noch nicht da, aber wir versuchen, sie uns vorzustellen, und sorgen uns, werden ängstlich. Wir sind nicht fähig, im gegenwärtigen Moment zu verweilen, dort, wo das Leben stattfindet. Das Leben und seine vielen Wunder sind in uns und außerhalb von uns vorhanden, und doch sind wir nicht fähig, diese Wunder zu berühren, weil wir uns in der Vergangenheit und in der Zukunft verlieren, in unseren Projekten, unseren Sorgen und Grübeleien. Wie kann sich da unser Geist ausruhen und erholen?

Erinnern wir uns daran, wie wir jemanden, der uns sehr nahe stand, verloren haben. Wir haben gelitten und gedacht, wir würden dieses Leiden nie wieder vergessen, uns von dem Verlust nicht wieder erholen können. Wir dachten, das Leiden werde von da an immer mit uns sein, die Wunde werde ewig bleiben. Nach einer gewissen Zeit haben wir uns dann aber doch daran gewöhnt, und es war uns möglich, weiterzuleben. Das zeigt, dass unser Geist, unsere Seele dazu fähig waren, sich selbst zu heilen. *Hier und Jetzt, 45f*

Das Licht der Sonne umarmen
Stellen Sie sich eine Blume am Morgen vor. Noch ist ihre Blüte nicht geöffnet. Dann aber umarmt sie das Licht der Sonne und ihre Strahlen strömen in sie ein. Die Sonne wandert nicht um die Blume herum; ihr Licht durchdringt die Blume auf ganz natürliche Weise und nach einer Stunde hat sich die Blüte geöffnet. Die Sonne stellt in diesem Bild unsere Achtsamkeit dar, welche die Blüte unserer Gefühle umfängt. *Art, 62*

Achtsamkeit und Erleuchtung sind eins.

Innere Heilung
Wir sollten unserem Geist vertrauen, genauso wie unserem Körper. Unser Geist hat die Kraft der Selbstheilung, wenn wir wissen, wie wir ihm Ruhe geben können und wie wir ihn nicht mit weiteren Sorgen, weiteren Projekten und Ängsten füttern. Die Praxis des achtsamen Atmens, achtsamen Gehens, die Freude am blauen Himmel, an der Vegetation, dem Zusammensein mit Freunden, das Genießen des gegenwärtigen

Augenblicks helfen uns, diese Art der Gefühle, die unser Herz und unseren Geist mit Sorgen und Angst erfüllen, zu stoppen. So kann innere Heilung stattfinden.
Hier und Jetzt, 46

Jeder Schritt stärkt unser Glück

Gehen und Essen sind Tätigkeiten, die wir jeden Tag ausüben. Aber wenn wir gehen, gehen wir meist nicht wirklich. Wir werden von unseren Projekten und Sorgen davongetragen. Wir sind alles andere als frei. Gehen wir dagegen mit Achtsamkeit, eins mit dem gegenwärtigen Augenblick, unbeeinflusst vom Bedauern über Vergangenes oder von Sorgen über die Zukunft, dann berühren wir das Wunder des Lebens, und jeder einzelne Schritt stärkt unser Glück. Wir hören auf, unser bisheriges Leben zu bedauern. Achtsamkeit hilft uns, die uns nahe stehenden Menschen wahrzunehmen und mit ihnen in Kontakt zu sein. Sie ist die Energie, die uns erlaubt, zu uns selbst zurückzukehren, um lebendig und wahrhaft glücklich zu sein. *Art, 31*

Den Samen der Achtsamkeit trägt jeder Mensch in sich.

Tief verborgen

Im Buddhismus wird gesagt, das Wesen Buddhas sei Achtsamkeit. Den Samen der Achtsamkeit trägt jeder Mensch in sich; er ist der noch ungeborene Buddha in uns. Aber dieser kostbare Same kann tief unter Schichten aus Leid und Unwissenheit verborgen sein. Wenn wir uns auf die Suche nach ihm begeben und ihn berühren können, wird er in uns zu wachsen beginnen.
Wenn Sie ein Glas Wasser trinken und Ihnen bewusst ist, dass Sie Wasser trinken, dann ist Achtsamkeit bereits da. Mit ihrer Hilfe werden wir gewahr, was im gegenwärtigen Augenblick geschieht.
Wenn Sie einatmen und wissen, dass Sie einatmen, dann ist Achtsamkeit da. Achtsamkeit hat stets einen Bezugspunkt, ein Objekt. Sind Sie wütend und der Tatsache gewahr, dass Sie wütend sind, dann ist ebenfalls Achtsamkeit da. Wut ist eine Energie und Achtsamkeit eine andere. Wir rufen die zweite Energie in uns wach, damit diese sich um die erste kümmert, so wie eine Mutter sich um ihr kleines Kind kümmert. *Liebe, 71*

Wir verlieren alles, wenn wir die Energie der Achtsamkeit verlieren.

Das Beste, was wir tun können

Der Buddha sagt, dass die Zukunft nur aus einer Substanz bestehe, und das ist die Gegenwart. Der beste Weg, sich eine gute Zukunft zu sichern, liegt darin, sich so gut wir können um die Gegenwart zu kümmern. Wenn wir ganz gegenwärtig sind und wenn wir uns um diesen Augenblick mit all unseren Möglichkeiten kümmern, dann ist dies das Beste, was wir tun können, um uns und anderen eine gute Zukunft zu sichern. Sich um unsere Zukunft zu sorgen oder zu ängstigen hilft uns nicht. Wir wissen nicht genau, wie viele Tage uns noch zur Verfügung stehen. Selbst wenn wir hundert Jahre leben würden, haben wir nur 36 500 Tage zur Verfügung. Aber wie viele von uns können 36 500 Tage leben? Wir wissen nicht, wie viele Tage wir noch zu leben haben. Es gibt Menschen, die so alt sind wie ich und noch am Leben sind. Und es gibt junge Menschen, die schon sterben müssen.

Augenblick, 13f

Völlig verplant

In unserer Gesellschaft ist das Leben der meisten von uns völlig verplant – selbst bei Kindern ist das schon der Fall. Wir zwingen unsere Kinder dazu, zu viel zu tun, und wir zwingen uns selbst dazu, zu viel zu tun. Deswegen leiden wir unter Stress, Burnout, Depressionen, Magengeschwüren und so weiter. Das sollten wir ändern. *Hier und Jetzt, 25*

Wir brauchen Übung

Statt immer viele Aufgaben gleichzeitig zu erledigen, sollten wir uns darin üben, nur eine Aufgabe, eine Handlung auszuführen. Um Achtsamkeit zu erlernen, brauchen wir etwas Training. Selbst wenn wir äußerst intelligent sind und auf Anhieb verstehen, um was es geht, heißt das nicht, dass wir sofort in der Lage sind, achtsam zu sein. Dazu brauchen wir Übung. *Art, 56*

Im gegenwärtigen Moment

Wenn wir im gegenwärtigen Moment leben, indem wir achtsam gehen und atmen und für uns selbst und die Menschen, die wir lieben, sorgen, dann wird unsere Achtsamkeit und Konzentration mit jedem Tag stärker werden. Achtsam zu sein bedeutet zu wissen, was geschieht. Wenn unser Geist mit Sorgen und mit Anspannung angefüllt ist, erkennen wir diese an und atmen mit ihnen. Wir erkennen ihre Wurzeln, wenn wir tief in sie hineinschauen. Mit der Kraft des Gewahrseins werden wir leicht Lösungen für unsere Probleme finden. *Art, 131*

Nichtstun als Tun

In Plum Village haben wir jede Woche einen Tag, den wir »Mußetag« nennen. Einen solchen Tag sollten auch Sie versuchen, in Ihrem Alltagsleben einzurichten. Es ist dies aber kein Tag, an dem Sie tun können, was Sie wollen. Sie kennen sicherlich Dinge, die Sie besonders gerne tun und von denen Sie das Gefühl haben, zu we-

nig Zeit dafür zu haben. Und so glauben Sie vielleicht, dieser Tag sei dafür da, sich diesen Dingen endlich einmal ausgiebig widmen zu können. Aber das ist nicht der Sinn des Mußetags. Der Mußetag ist ein Tag, an dem Sie Abstand davon nehmen sollten, überhaupt etwas zu tun. Sie widerstehen, Dinge tun zu wollen.
Das ist für die meisten schwieriger, als es sich zunächst anhören mag, denn wir sind es so sehr gewöhnt, immer etwas zu tun. Wir gestatten es uns kaum einmal, nichts zu tun. Immer beschäftigt zu sein ist eine ganz starke Gewohnheit geworden, und deshalb leiden Sie, wenn Sie nichts tun. Der Mußetag ist eine drastische Maßnahme gegen diese Art von Gewohnheitsenergie. An diesem Tag vermeiden Sie es, etwas zu tun, Sie tun Ihr Bestes und versuchen, nichts zu tun.
Es ist schwierig, ich weiß, aber Sie sollten es lernen.

Hier und Jetzt, 25f

Wie ein Boot

Wir sind wie ein Boot, das den Ozean überquert. Kommt ein Sturm auf und alle Insassen geraten in Panik, dann wird das Boot kentern. Aber wenn da nur ein Mensch im Boot ist, der Ruhe zu bewahren vermag, dann kann er durch sein Beispiel auch andere dazu inspirieren, ruhig zu bleiben. Dann gibt es für die ganze Besatzung Hoffnung. Wer ist dieser Mensch, der in unruhigen, schwierigen Situationen ruhig bleiben kann? Jeder von uns ist dieser Mensch. Wir zählen auf jeden, auf jede von uns. *Alles, 53*

Unsere Kühe freilassen

Der Buddha saß einmal, so eine alte Geschichte, mit seinen Mönchen zusammen, nachdem sie ihr Mittagsmahl in Achtsamkeit zusammen eingenommen hatten. Plötzlich tauchte ein Bauer auf. Er litt sehr. Er sagte: »Liebe Brüder, habt ihr hier irgendwo meine Kühe gesehen? Ich habe fünf Kühe, doch aus irgendeinem Grund sind sie heute Morgen alle davongelaufen. Ich habe auch zwei Äcker mit Sesampflanzen, doch in diesem Jahr wurden alle Sesamsamen von Insekten aufgefressen. Es ist nichts übrig geblieben. Ich werde mich wohl umbringen, glaube ich.« Der Buddha sah ihn voller Mitgefühl an: »Lieber Freund, wir sitzen hier schon länger als eine Stunde, doch deine Kühe haben wir nicht gesehen. Vielleicht schaust du noch mal in der anderen Richtung.« Als der Bauer gegangen war, drehte sich der Buddha zu seinen Mönchen um, lächelte und sagte: »Meine lieben Freunde, ihr könnt euch sehr glücklich schätzen, denn ihr habt keine Kühe.« *Quelle, 77*

Achtsamkeit ist die Fackel,
die uns den Weg erhellt.

Der lächelnde Buddha

Als ich ein junger Mönch war, fragte ich mich, warum der Buddha auf vielen Bildern und Statuen die ganze Zeit lächelt. Wie kann er angesichts des unermesslichen Leidens in der Welt immerzu lächeln? War er sich des Leidens bewusst? Schließlich fand ich heraus, dass wenn der Buddha stets geweint hätte, er niemandem zu helfen vermocht hätte.

Wir müssen unsere Freude und unser Lächeln immer wieder nähren, um die Kraft zu haben, anderen zu helfen. Wir müssen so üben, dass wir genügend Freude und Stabilität entwickeln können. Wenn wir das nicht tun, werden wir sehr schnell von dem Leiden, das uns umgibt, überwältigt. *Augenblick, 15*

II

Das Glück finden

Glücklich leben

Als junger Mönch lernte ich, dass man Buddhas Lehre in vier kurzen Sätzen zusammenfassen kann. Die Menschen fragten damals den Buddha, wie man glücklich leben könne, und er antwortete, dass alle Buddhas das Gleiche lehrten:

Die schlechten Dinge: Vermeide sie.
Die guten Dinge: Tue sie.
Lerne, den eigenen Geist zu klären und zu beherrschen.
Dies ist die Lehre aller Buddhas.

Ich war alles andere als beeindruckt. Ich dachte bei mir: »Das ist zu einfach. Es ist doch eine Binsenwahrheit, dass man das Gute tun und das Schlechte lassen soll. Den Geist zu beherrschen und zu klären ist außerdem viel zu vage und ungenau.« Nach 65 Jahren der Praxis bin ich schließlich zu einer anderen Auffassung gelangt. Indem ich die vier Sätze auf diese Weise genau erforscht habe, bin ich zu dem Ergebnis gekommen, dass sie außerordentlich wichtig sind. *Art, 105f*

Der glückliche Buddha

Der Buddha war keineswegs berühmt, als er Erleuchtung erlangte. An diesem bemerkenswerten Tag war er noch vollkommen unbekannt. Selbst seine Familie wusste nicht, dass er Erleuchtung erlangt hatte. Als er anschließend zum Gazellenhain nach Sarnath wanderte, um dort seine fünf Freunde zu treffen, mit denen er zuvor praktiziert hatte, wussten auch diese nichts von seinem Erreichen der Buddhaschaft. Nachdem er Erleuchtung erlangt hatte, ließ er sich am Fuße des Bodhibaums nieder, spielte mit den Kindern und empfand großes Glück. Sein Glück beruhte nicht auf Bestätigung oder Geld. Es gründete sich auf seine innere Freiheit, seinen Frieden und seine Weisheit. Statt Glück an der Höhe unseres Kontostandes zu messen, sollten wir uns darin üben, Glück mit Frieden, Freiheit und Mitgefühl in Verbindung zu bringen. Dies sind gewaltige Quellen von Macht, die wir in unserem Alltag kultivieren können. Erst später in seinem Leben wurde der Buddha bekannt und geachtet. Aber sein Bekanntheitsgrad korrumpierte und zerstörte ihn nicht. Seine zunehmende Berühmtheit half ihm dabei, seine Lehre und seine Praktiken zu verbreiten. Sein Ruhm war nicht negativ, weil viele Lebewesen davon profitierten.

Art, 92f

Jagd nach Glück

Wir befinden uns fortwährend auf der Jagd nach Glück. Wir laufen und laufen und übersehen die Bedingungen für unser Glücklichsein im Hier und Jetzt. Wir meinen, erst in der Zukunft würden wir glücklich sein können. So zu denken ist töricht. Wenn es uns gelingt, voll Achtsamkeit heimzukehren ins Hier und Jetzt, werden wir erkennen, wie viele Elemente zum Glücklichsein bereits jetzt vorhanden sind. Wir können in diesem Augenblick glücklich sein. Mehr ist nicht nötig.

Schritte, 42

Der gestillte Durst

Stellen Sie sich vor, Sie wanderten durch eine Wüste und stürben fast vor Durst. Plötzlich sehen Sie eine Oase und wissen, dass Sie genügend Wasser haben werden, wenn Sie erst einmal da sind. Obwohl Sie das Wasser zu diesem Zeitpunkt weder gesehen noch getrunken haben, fühlen Sie Aufregung, Hoffnung und Freude. Aber das ist nicht Glück. Glück stellt sich erst ein, wenn Sie tatsächlich das Wasser trinken und Ihr Durst gestillt ist. Solange kein Friede in Ihnen vorhanden ist, haben Sie noch nicht die Erfahrung wahren Glücks gemacht. *Art, 95*

Sie müssen das Glück üben
und es kultivieren;
Sie können es nicht irgendwo kaufen.

Wie Schlafwandler

Viele von uns gehen wie Schlafwandler. Wir gehen, aber wir sind nicht da. Wir versäumen die Wunder des Lebens. Da gibt es nur wenig Freude. Wir schlafwandeln durch unser eigenes Leben, das uns so unwirklich vorkommt wie ein Traum. Wahre Macht zu kultivieren bedeutet, aus unserem Traum aufzuwachen. Ein einziger, achtsamer Schritt kann der Schlüssel zum Erwachen sein, der uns ins Leben zurückführt, der uns neu an das Wunder erinnert, am Leben zu sein. Ist Achtsamkeit da, ist auch Konzentration vorhanden, denn Achtsamkeit schließt Konzentration mit ein. Vielleicht sind Sie zu fünfzig, sechzig oder zu neunzig Prozent auf Ihren Schritt konzentriert. Je stärker Ihre Konzentration ist, desto höher ist die Aussicht, einen Durchbruch zu wahrer Einsicht zu erzielen. Achtsamkeit führt zu Konzentration, und Konzentration verhilft zu Einsicht und Verstehen. Einsicht ist die Frucht unserer Praxis. So wie an einem Orangenbaum Orangen wachsen, so wächst aus der Praxis die Einsicht in die Wahrheit der Unbeständigkeit, des Nicht-Selbst und Interseins. *Art, 109f*

Lächle deinem Herzen zu

Es gibt so viele Voraussetzungen für unser Glücklichsein, aber wir zerstören sie durch unser Verhalten in unserem täglichen Leben. Lächelst du deinem Herzen aber zu und umarmst und berührst es voll Achtsamkeit und Mitgefühl, so fühlst du dich wohl und erkennst, wie viel es für dein Wohlergehen tut. *Schritte, 46*

Wahres Glück

Wir müssen Glück von Euphorie, Aufregung und sogar von Freude unterscheiden. Viele Menschen glauben, Glück habe etwas mit einem euphorischen oder rauschhaften Geisteszustand zu tun. Sie denken an etwas ganz Bestimmtes, etwas, von dem sie hoffen, dass es bald geschieht. Die mit dieser Erwartung verbundene Freude oder Aufgeregtheit halten viele bereits für Glück. Glück hat aber nichts mit Aufregung oder Ähnlichem zu tun, denn Ihr Geist ist in diesem Zustand alles andere als friedlich und ruhig. Wahres Glück beruht auf Frieden. *Art, 94*

Hier und jetzt glücklich

Glück kann dann zu Realität werden, wenn wir erkennen, dass wir einem Weg folgen, wenn wir wissen, wohin wir gehen. Wenn Sie den Verdacht haben, nicht auf dem richtigen Weg zu sein, wenn Sie nicht wissen, wohin Sie der Weg führt, dann leiden Sie. Sie fühlen sich verloren und verwirrt. Glück ist die Gewissheit, zu jedem Zeitpunkt auf dem richtigen Weg zu sein. Es ist nicht nötig, das Ende des Weges zu erreichen, um glücklich zu sein. Sie sind einfach hier und jetzt glücklich. *Art, 104*

Innehalten

Die Erde, die Bäume, das Wasser, die Luft, die Vögel, die Insekten – all das ist da, und wir können die vielen Bedingungen für unser Glück, die uns im Hier und

Jetzt zur Verfügung stehen, berühren. Wir werden feststellen, dass wir nicht mehr brauchen, denn diese Bedingungen reichen bei Weitem aus, um glücklich zu sein. Aber wir müssen im gegenwärtigen Moment verweilen, um sie wahrnehmen zu können. Solange wir weiter rennen, wird es schwierig sein, das Glück zu finden. Innehalten lässt uns die Bedingungen für unser Glück erkennen, die bereits vorhanden sind. *Hier und Jetzt, 55f*

Paradies von Formen und Farben

Ich möchte euch zeigen, wie ihr es üben könnt, Glück zu erfahren. »Ich atme ein und bin mir meiner Augen bewusst. Ich atme aus und lächele meinen Augen zu.« Wenn du dir das beim Atmen sagst, erkennst du, welches Glück es ist, gesunde Augen zu haben. Wer sein Augenlicht verloren hat und blind ist, weiß, was es bedeutet, nicht mehr sehen zu können. Er leidet und wünscht sich nichts mehr, als dass sein Sehvermögen wiederhergestellt sein möge. Könnte er wieder sehen, so würde sich dieser Blinde wie im Paradies fühlen, im Paradies von Formen und Farben. Der Frühling steht vor der Tür. Der Himmel ist blau, die Kirschblüten sind wunderschön, genau wie das Gesicht des Menschen, den du liebst. Alle diese Formen und Farben sind nur deshalb für uns verfügbar, weil unsere Augen in guter Verfassung sind. *Schritte, 42ff*

Wir können allen Dingen zulächeln. Das ist eine der Grundvoraussetzungen für unser Glück.

Glücklichsein

Glücklichsein hängt in erster Linie von dem tiefen Wunsch nach Glück ab und dann von einem spirituellen Pfad, dem wir folgen. Tun Sie jeden Tag etwas auf diesem Pfad, und Sie werden glücklich sein. Versuchen Sie nicht, große Dinge zu tun. Durch kleine Dinge können Sie sich und Ihre Freundinnen und Freunde glücklich machen. Wenn Sie ein Mahl zubereiten oder den Tisch abwischen, tun Sie das in schöner Weise – für sich selbst und für die Menschen in Ihrem Umfeld. Sie können sofort damit beginnen. *Quelle, 79*

Auf dem richtigen Weg

Glück kann dann zu Realität werden, wenn wir erkennen, dass wir einem Weg folgen, wenn wir wissen, wohin wir gehen. Wenn Sie den Verdacht haben, nicht auf dem richtigen Weg zu sein, wenn Sie nicht wissen, wohin Sie der Weg führt, dann leiden Sie. Sie fühlen sich verloren und verwirrt. Glück ist die Gewissheit, zu jedem Zeitpunkt auf dem richtigen Weg zu sein. Es ist nicht nötig, das Ende des Weges zu erreichen, um glücklich zu sein. Sie sind einfach hier und jetzt glücklich.

Art, 104

Konzentration – die Quelle des Glücks

Wenn wir achtsam auf oder für etwas sind, können wir es ganz aufnehmen und uns darauf konzentrieren. Eine solche Konzentration stärkt die Qualität unseres Glücks. Stellen Sie sich vor, vor Ihnen steht eine Tasse Tee. Sind Sie achtsam und konzentriert, wird der Tee etwas sehr Reales für Sie, und das Teetrinken macht Sie glücklich. Ihr Geist ist nicht zerstreut. Er weilt nicht in der Vergangenheit, der Zukunft oder bei Ihren gegenwärtigen Projekten. Ihr Geist ist einzig und allein auf den Tee konzentriert. Das ist Konzentration. Tee ist das Objekt Ihrer Konzentration. Teetrinken kann Sie in diesem Moment sehr glücklich machen, und je konzentrierter Sie sind, desto glücklicher werden Sie. Sind Sie in den Anblick eines wunderschönen Sonnenaufgangs versunken, stört in diesem Moment kein Denken über die Vergangenheit oder Zukunft Sie. Je konzentrierter Sie werden, desto mehr werden Sie der Schönheit, die Sie umgibt, gewahr. Konzentration ist also eine Quelle des Glücks. *Quelle, 80f*

Am Ende des Weges?

Wir haben die Tendenz zu glauben, Glück sei etwas, das irgendwann in der Zukunft auf uns wartet. So wie eine Oase in der Wüste bereits viele Kilometer entfernt sichtbar ist, erwarten wir das Glück am Ende unseres Weges. Wir denken, bestimmte Bedingungen müssten erst erfüllt werden, damit wir glücklich sind. Angenommen Sie sind der Überzeugung, dass ein Universitätsabschluss Sie glücklich machen würde. Tag und Nacht denken Sie an Ihr Diplom und tun alles dafür, weil Sie überzeugt davon sind, dass Sie morgen, wenn Ihnen das Diplom ausgehändigt wird, endlich glücklich sein werden. Wahrscheinlich werden Sie in den ersten Tagen und Wochen Freude und Zufriedenheit verspüren, aber schon bald werden Sie sich an die neuen Umstände gewöhnt haben und ein paar Wochen später wird Ihr Glück vergangen sein. Sie haben sich einfach daran gewöhnt, Besitzer eines Diploms zu sein. So werden wir immun gegenüber dem Glück und nach einer Weile fühlen wir es überhaupt nicht mehr. *Art, 94*

Liebe ist entscheidend für unser Glück.

Jeder Schritt ist Frieden

Jeder Schritt ist Frieden.
Die strahlende rote Sonne ist mein Herz.
Jede Blume lächelt mit mir.
Wie grün, wie frisch all das wächst.
Wie kühl die Brise des Windes.
Jeder Schritt ist Frieden.
Er wandelt den endlosen Pfad in Freude.

Alles, 31

Oh, mein Glück

Zu Zeiten des Buddha lebte einmal ein Mönch mit Namen Bhaddiya. Dieser war zuvor Statthalter des Königreichs Sakya gewesen. Als er Mönch wurde, gab er alles auf. Eines Tages, er saß gerade am Fuße eines Baumes und meditierte, rief er dreimal aus: »Oh, mein Glück!« Ein anderer Mönch hörte diesen Ausruf und dachte, dass Bhaddiya den Verlust seiner Macht als Statthalter bedaure. Er ging zum Buddha und berichtete ihm den Vorfall. Der Buddha ließ Bhaddiya rufen und fragte ihn, warum er während der Meditation dreimal ausgerufen habe: »Oh, mein Glück!« Bhaddiya antwortete: »Verehrter Lehrer, als ich noch Statthalter war, besaß ich große Macht und war sehr reich. Eine große Leibwache beschützte mich. Alles, was ich wollte, konnte ich kaufen. Aber ich war nicht glücklich, weil ich stets in Furcht lebte. Ich war Opfer meiner Angst, Eifersucht, meines Hasses und meiner Gier. Jetzt habe ich keine Angst mehr und bin frei von Leiden. Es gibt nichts, das mir gestohlen werden könnte. Ich habe keine Angst mehr, einem Mordanschlag zum Opfer zu fallen. Ich brauche keine Beschützer mehr. Ich fühle Freiheit und Frieden in mir. Aus diesem Grund rief ich dreimal ›Oh, mein Glück!‹. Falls ich die Gemeinschaft gestört haben sollte, bitte ich um Verzeihung.« *Art, 49f*

Mit jedem Atemzug
Es ist wunderbar zu wissen, dass Glück nur so lange währt wie die Dauer eines Atemzuges oder eines Schrittes, denn gleichzeitig wissen wir, dass unser Glück mit dem nächsten Atemzug oder Schritt erneuert wird. Vorausgesetzt, wir beherrschen die Kunst, Achtsamkeit, Konzentration und Einsicht in uns zu erzeugen.
Art, 110f

Einfach zu sitzen,
das Einatmen und Ausatmen genießen,
das ist bereits Glück.

Ein wertvoller Schatz
Im Evangelium wird die Geschichte eines Bauern erzählt, der auf einem Feld einen Schatz findet. Er geht nach Hause und verkauft seinen gesamten Besitz, um dieses Feld zu erwerben. Wie dieser Bauer haben wir einen Schatz gefunden, einen äußerst wertvollen Schatz, wenn wir wissen, wie wir das Königreich Gottes oder das Reine Land Buddhas im Hier und Jetzt berühren können. Wir müssen nicht mehr Geld, Bestätigung oder Macht hinterherrennen. *Art, 95f*

Nicht-Greifen

Verlassener Strand,
Fußspuren im Sand, vom Regen ausgelöscht –
die Verzweiflung kommt von nirgendwoher,
und ihre Füße berühren noch nicht die Erde.

Plötzlich höre ich aus der Ferne das Flüstern
der sanften Frühlingswinde,
und die Verzweiflung ist fort.

Hier und Jetzt, 53

III

Achtsamkeit üben

Nicht davonlaufen

Meditation ist alles andere als ein Versuch, davonzulaufen oder die Existenz unseres Schmerzes zu ignorieren. Beim Meditieren geht es vielmehr darum, ihm von Angesicht zu Angesicht zu begegnen. Schauen Sie tief in die Natur dieses Schmerzes. Buddhisten sind der Auffassung, dass wir gleichzeitig Freude und Schmerz sind, wir sind Verstehen und Einsicht, aber auch Ignoranz und Unwissenheit. Zu meditieren heißt nicht, sich in ein Schlachtfeld zu verwandeln, auf dem das Gute gegen das Böse kämpft. Das wäre keine buddhistische Meditation, denn diese beruht auf dem Prinzip der Nicht-Dualität. Weil wir nicht nur Achtsamkeit und Liebe, sondern auch Unwissenheit und Leiden sind, gibt es keinen Grund, irgendetwas zu unterdrücken oder zu verdrängen. *Liebe, 68*

Sammlung

Sammlung versetzt uns in die Lage, tief in die Natur der Wirklichkeit zu blicken. Daraus erwachsen Verstehen und Weisheit, die uns vom Leiden befreien. *Art, 32*

Der Fluss der Gefühle

Viele Gefühle verursachen in uns Schmerzen und beeinträchtigen auch unsere Mitmenschen. Meditieren bedeutet, am Ufer seiner Gefühle zu sitzen, zu beobachten, wie sie aufkommen und vorbeiziehen, und tief in ihre Natur zu schauen. Gewöhnlich ist es so, dass wir bei unangenehmen und problematischen Gefühlen den Wunsch verspüren, fortzulaufen. Wir wagen nicht, ihnen ins Auge zu schauen, und wissen nicht, wie wir uns um sie zu kümmern haben. Aber wir sollten uns ihnen stellen, sie berühren und tief in sie schauen. Besonders in unserer Zeit gibt es Menschen, die, wenn sie Probleme haben und keinen inneren Frieden finden, zum Kühlschrank laufen und anfangen zu essen. Nicht weil sie hungrig sind, sondern weil sie das in ihnen aufsteigende Gefühl vergessen wollen, das ihnen Unbehagen und Leid, vielleicht sogar eine Depression bringt. Sie fürchten sich, sich ihren Gefühlen und ihrem Schmerz zu stellen und flüchten sich ins Essen.

Schritte, 33

Achtsamkeit üben

Achtsamkeit ist die Energie des Gewahrseins und des Erwachens zur Gegenwart. Es ist die fortwährende Übung, das Leben tief in jedem Augenblick zu berühren. Achtsamkeit zu praktizieren bedeutet nicht, dass wir uns dazu irgendwo anders hin begeben müssten. Wir können Achtsamkeit in unserem Zimmer üben oder auf unserem Weg von einem Ort zum anderen. Wir können all das machen, was wir sonst auch tun – gehen, sitzen, arbeiten, essen, reden –, nur tun wir dies jetzt mit einem Gewahrsein für das, was wir tun. *Alles, 9*

Essenz der Achtsamkeit

Das achtsame Atmen ist die Essenz der Achtsamkeit. Dem Buddha zufolge ist Achtsamkeit die Quelle des Glücks und der Freude. Der Same der Achtsamkeit ist in jedem von uns, doch vergessen wir im Allgemeinen, ihn zu gießen. Wissen wir, wie wir Zuflucht zu unserem Atem, unseren Schritten nehmen können, dann vermögen wir, unsere Samen des Friedens und der Freude zu berühren, und sie können sich zu unserer Freude manifestieren. Statt Zuflucht zu einer abstrakten Vorstellung wie Gott, Buddha oder Allah zu nehmen, erkennen wir, dass wir Gott in unserem Atmen, in unserem Gehen berühren. *Alles, 10*

Die Kunst des achtsamen Atmens

Wenn wir achtsames Atmen praktizieren, kommen Körper und Geist zusammen. In unserem täglichen Leben sind wir meist nicht sehr konzentriert und oft nicht richtig bei uns. Unser Körper mag hier sein, aber unser Geist ist anderswo – vielleicht in der Vergangenheit, vielleicht in der Zukunft, vielleicht verstrickt in Sorgen, Eifersucht, Ärger; nur selten ist er unserem Körper von Nutzen. Es gibt aber etwas, was zwischen Körper und Geist eine Brücke herstellen kann, und das ist unser Atem. Wenn es unserem Geist gelingt, sich achtsam auf das Atmen zu konzentrieren, bringen wir Körper und Geist wieder zusammen. *Schritte, 23*

Ich atme ein und weiß: Ich lebe.
Ich atme aus und lächele dem Leben zu.

Das Wunder, am Leben zu sein

Atmen kann etwas sehr Erfreuliches sein, etwas, was wir genießen können. Frei zu atmen ist herrlich, besonders in reiner Luft und wenn wir nicht erkältet sind und frei atmen können. Wir dürfen nicht glauben, dass unser Geist in einer besonderen Verfassung dafür sein müsste. Wir brauchen nur ganz wir selbst zu sein. »Ich atme ein und komme zur Ruhe, ich atme aus und lächele. Ich atme ein und weiß: Ich lebe. Ich atme aus und lächele dem Leben zu.« Wir alle können das praktizieren. Es ist wunderbar, lebendig zu sein. Es ist wirklich ein Wunder, am Leben zu sein.
So ist es uns möglich, alles loszulassen und zu üben, ganz im Hier und Jetzt zu sein, und wir können uns an der Tatsache erfreuen, dass wir am Leben sind. *Schritte, 23*

Den Atem umarmen

Beim achtsamen Atmen sollten wir uns nicht um die Einatmung bemühen, sollten uns nicht anstrengen. Atmen wir ganz natürlich. Wir atmen ohnehin ein, warum sollten wir uns also vornehmen einzuatmen. Achten wir lediglich auf unseren Atem, erlauben wir ihm, so zu sein, wie er ist. Seien wir ganz liebevoll, umarmen wir unseren Atem mit unserer Achtsamkeit.

Wenn wir jemanden lieben, werden wir ihm oder ihr erlauben, einfach zu sein. Wir werden nicht sagen: »Wenn du das nicht tust, werde ich dich nicht lieben«, oder: »Nur wenn du so oder so bist, kann ich dich lieben.« Lassen wir auch unseren Atem einfach nur sein. Umarmen wir ihn mit der Energie der Achtsamkeit. Einatmend weiß ich, dass ich einatme. Das ist alles. Die Wirkung wird immens sein. *Hier und Jetzt, 35*

Einatmend weiß ich, dass ich einatme.
Das ist alles.

Die Achtsamkeit anknipsen

Viele Menschen praktizieren so, als ginge es darum, eine anstrengende Arbeit zu erledigen. Sie zwingen sich, sie strengen sich zu sehr an und ermüden so nach kürzester Zeit. Wenn wir wissen, wie wir Ruhe finden können, wie wir unseren Atem ganz natürlich ein- und ausströmen lassen können, werden wir niemals müde werden. Wir brauchen nur unsere Achtsamkeit »anzuknipsen« und uns des Atems bewusst zu werden. Das ist so, als knipsten wir ein Licht an. Weil es dann hell ist, können wir sehen, was sich alles in unserem Umfeld befindet. So ist auch der Effekt der Bewusstheit. Wir nehmen unser Einatmen als Einatmen wahr, unser Ausatmen als Ausatmen, und wir umarmen beide mit Liebe. *Hier und Jetzt, 35f*

Der gegenwärtige Augenblick

Der Buddha sprach davon, dass es nur einen Moment gibt, in dem wir wirklich lebendig sind, und dies ist der gegenwärtige Augenblick. *Augenblick, 14*

Unser Atem

Wir müssen keine zusätzliche Anstrengung unternehmen, um in unserem Denken innezuhalten. Wenn wir uns hundertprozentig auf unser Einatmen konzentrieren, dann wird sich das Denken von ganz alleine beruhigen. Wir genießen einfach unser Atmen. Wenn die Praxis angenehm ist, wird Konzentration ganz einfach, und tiefe Einsicht wird möglich. Achtsamkeit, Konzentration und Einsicht gehen immer Hand in Hand. Die Atmung geschieht ganz von selbst. Entzünden wir lediglich das Licht der Achtsamkeit dafür und beleuchten wir damit unseren Atem. Wir modifizieren unseren Atem nicht, wir lenken ihn nicht oder geben ihm die Form, von der wir glauben, dass sie die richtige oder dass sie erwünscht sei. Wenn unser Einatmen kurz ist, lassen wir es kurz sein. Wenn unser Ausatmen lang ist, dann lassen wir es lang sein. Nach einigen Minuten der Praxis werden wir eine Verbesserung in der Qualität des Atmens wahrnehmen, und ein Gefühl des Wohlbefindens wird sich einstellen. *Hier und Jetzt, 100f*

Lächeln wie ein Buddha

Lassen Sie Sorgen und Kummer los, und lassen Sie ein Lächeln in sich erblühen, gerade ein Halblächeln. Bewahren Sie dieses Halblächeln auf Ihren Lippen so wie ein Buddha.

Lernen Sie zu gehen, wie ein Buddha geht; zu lächeln, wie ein Buddha lächelt. Sie können es. Warum sollten Sie auf unbestimmte Zeit warten, um ein Buddha zu werden? Sie können jetzt, in diesem Moment, Buddha sein. *Weg, 47*

Achtsamkeit des Lächelns

Wenn irgendein Körperteil von dir um Hilfe schreit, kannst du die Achtsamkeit des Lächelns praktizieren. Selbstverständlich verfügt unser Körper über natürliche Selbstheilungskräfte. Der Heilungsprozess geht aber viel schneller vonstatten, wenn du achtsam ein- und ausatmest und deine Liebe, dein Mitgefühl und dein Lächeln zu diesem schreienden Körperteil hinschickst. Meditieren bedeutet also in erster Linie, die Energie der Achtsamkeit zu erzeugen, damit sie sich unseres Körpers, unserer Gefühle und unserer Wahrnehmungen annimmt. *Schritte, 48*

Bewusstes Atmen

Bewusstes Atmen ist wie ein Glas kaltes Wasser trinken. Atmen wir ein, spüren wir, wie die Luft unsere Lungen füllt. Wir müssen unseren Atem nicht kontrollieren. Wir spüren den Atem so, wie er tatsächlich in dem Moment ist. Er mag lang sein oder kurz, tief oder flach. Im Lichte unseres Gewahrseins wird er sich auf ganz natürliche Weise verlangsamen und vertiefen. Bewusstes Atmen ist der Schlüssel, um Körper und Geist zu vereinen und die Energie der Achtsamkeit in jeden Augenblick unseres Lebens bringen. *Alles, 14*

Setz dich bloß hin
und werde zum Buddha.

Sitzmeditation

Jedesmal, wenn wir uns hinsetzen, sei es in unserem Wohnzimmer, am Fuße eines Baumes oder auf ein Kissen, können wir Ruhe und Stille ausstrahlen so wie der Buddha auf einem Altar. Unsere volle Aufmerksamkeit bringen wir zu dem, was in uns und um uns herum ist. Unseren Geist lassen wir weit werden und unser Herz sanft und freundlich. Wir können uns vollkommen erholen, wenn wir nur ein paar Minuten in dieser Weise sitzen. Sitzen wir friedvoll, atmen und lächeln wir in Gewahrsein, sind wir Meister unserer selbst. Sitzmeditation ist sehr heilsam. Wir können mit dem sein, was in uns ist, sei es Schmerz, Wut, Ärger, Freude, liebe oder Frieden. Wir sind mit dem, was immer es sein mag, ohne uns davon mitreißen zu lassen. Wir lassen es kommen, verweilen, dann wieder gehen. Es gibt für uns keine Notwendigkeit, etwas wegzuschieben, zu unterdrücken oder vorzugeben, unsere Gedanken wären nicht da. Stattdessen können wir die Gedanken und Bilder in unserem Geist mit einem annehmenden und liebevollen Blick beobachten. Trotz der Stürme, die in uns aufkommen, sind wir still und ruhig. *Alles, 21*

Das ist der Zweck des Sitzens:
hier zu sein, vollkommen lebendig,
vollkommen gegenwärtig.

Sprechen wir unseren Namen ganz leise

So wie die Sitzmeditation eine Übung des Ausruhens sein kann, so kann dies auch die Gehmeditation sein, bei der wir die Erde berühren und uns des Wunders bewusst werden, dass wir lebendig sind und auf der Erde gehen. Jeden Moment sind wir ganz da, um uns um unsere Sorgen, unsere Ängste, unser Leiden zu kümmern. Diese ruhen vielleicht ganz ruhig am Grund unseres Bewusstseins, vielleicht steigen sie gerade an die Oberfläche auf – dann sollten wir sie wahrnehmen und umarmen. Umarmen wir sie mit unserer wirklichen Präsenz, denn die Energie der Achtsamkeit ist die

Energie des Für-uns-da-Seins. Die Sonne ist für uns da, der Mond ist für uns da, die Bäume sind für uns da, das Wasser ist für uns da, und wir sollten genauso auch für sie da sein – aber ganz besonders sollten wir für uns selbst da sein. Wir sind die Person, die wir am dringendsten brauchen. Sprechen wir unseren Namen ganz leise – dieser Mensch hat gelitten, dieser Mensch hat uns sehr nötig, wir sollten zu ihm zurückkehren und ihn umarmen. *Hier und Jetzt, 39f*

Gehen Sie behutsam und ruhig.
Gehen Sie wie ein Buddha.

Gehmeditation

Es ist wirklich ein Wunder, am Leben zu sein und auf diesem wunderschönen Planeten gehen zu können. Sei dir, wenn du gehst, jedes einzelnen Schrittes bewusst. Dann übst du Gehmeditation, achtsames Gehen. Das praktizieren wir jeden Tag. Gehmeditation hilft uns, jeden Augenblick des Tages tief zu erleben.
Wenn jeder Mensch auf der Erde in der Lage wäre, achtsam zu gehen, gäbe es keine Kriege, keine Konflikte mehr. Durch die Gehmeditation lernen wir es, uns gut um die Mutter Erde und um uns selbst zu kümmern.
Schritte, 24

Nimm Zuflucht zu deinen Schritten

Wenn wir abgelenkt sind, sind wir nicht wir selbst, wir sind Opfer. Wir können das aber ändern, indem wir Zuflucht zu unseren Schritten nehmen, gleich hier, gleich jetzt. Es ist wundervoll, unseren Einatem mit einem, zwei oder drei Schritten zu verbinden. In diesem Augenblick sind wir wirklich wir selbst. Wir haben unsere Souveränität, wir sind nicht mehr länger Opfer. Wir werden nicht mehr von den Wellen von Geburt und Tod davongetragen. Wir ertrinken nicht mehr im Ozean des Leidens.

Buddhisten sagen gerne: Nimm Zuflucht zum Buddha, zum Dharma und zur Sangha. Ich würde lieber sagen: Nimm Zuflucht zu deinem Ein- und Ausatmen, nimm Zuflucht zu deinen Schritten. Der Buddha ist vielleicht eine abstrakte Idee; unser Atem, unsere Schritte sind konkrete Wirklichkeit. Unseren Atem brauchen wir nicht zu suchen; er ist da, wo wir sind. Wir müssen nicht nach unseren Schritten suchen, sie sind in unseren Füßen. Deshalb ist die Zufluchtnahme zu unserem Atem, zu unseren Schritten sehr konkret. *Hier und Jetzt, 113f*

Jeder Schritt ist Leben,
jeder Schritt ist Frieden.

Mit jedem Schritt die Erde berühren

Jeder Mensch ist in der Lage, auf eine Weise zu gehen, dass er jeden seiner Schritte genießen kann. Wenn wir achtsam gehen, vermag uns nichts zu stören oder zu verwirren – weder die Vergangenheit noch die Zukunft, weder unsere Pläne und Projekte noch das Gefühl von Hochstimmung. Selbst nicht Freude, denn Freude hat mehr mit Aufregung als mit Frieden zu tun. Wenn Sie Erfahrung mit der Praxis der Gehmeditation gemacht haben, werden Sie mit jedem Schritt Frieden, Glück und Erfüllung finden. Mit jedem Schritt berühren Sie die Erde und sind vollkommen lebendig, leben vollkommen im gegenwärtigen Augenblick. Dieses Wunder können Sie in jedem Moment erfahren. *Art, 95*

Gehmeditation bringt Achtsamkeit,
Konzentration und Frieden hervor.

Die Erde heilen

Die Erde ist unsere Mutter. Sind wir zu lange von Mutter Natur entfernt, werden wir krank. In jedem Schritt unserer Gehmeditation berühren wir unsere Mutter, sodass es uns wieder gut gehen kann. Unserer Mutter Erde ist viel Schreckliches angetan worden; es ist an der Zeit, die Erde mit unseren Füßen zu küssen und unsere Mutter zu heilen. *Alles, 27f*

Körper und Geist

Wir müssen unseren Körper ganz in die Übung der Achtsamkeit mit einbeziehen. Am Anfang der Praxis scheint es so, als sei der Körper das Objekt unseres Geistes. Aber nach einer Weile wird es keinen Unterschied mehr geben zwischen dem Subjekt, unserem Geist, der beobachtet, und dem Objekt, das beobachtet wird. Der Beobachtende und das Objekt, das beobachtet wird, werden eins. Körper und Geist bringen sich gemeinsam in die Praxis ein. *Augenblick, 35*

Den Körper akzeptieren

Den Körper zu akzeptieren ist ganz entscheidend für den eigenen Frieden, die eigene Freiheit. Jeder Mensch ist als eine Blume im Garten der Menschheit geboren. Und Blumen unterscheiden sich voneinander. Wenn Sie Ihren Körper und Ihren Geist nicht zu akzeptieren vermögen, können Sie auch kein Zuhause für sich sein. Viele junge Leute akzeptieren nicht, wer sie sind, und doch wollen sie, dass jemand anderes bei ihnen heimisch wird. Doch wie soll das möglich sein, wenn sie sich selbst das nicht geben können? *Quelle, 48*

Innehalten

Ist ein frei im Wald lebendes Tier krank, zieht es sich zurück, legt sich hin und tut nichts. Oft nimmt es noch nicht einmal Nahrung und Wasser zu sich. All seine Energie ist auf Heilung ausgerichtet. Wir müssen uns in dieser Art des Ausruhens üben, auch wenn wir nicht krank sind. Es ist eine tiefe Praxis, zu wissen, wann wir uns ausruhen sollten. Manchmal strengen wir uns in unserer Praxis zu sehr an oder wir arbeiten, ohne achtsam dafür zu sein, viel zu viel und werden schnell müde. Die Achtsamkeitspraxis sollte nicht ermüdend sein, sie sollte uns Energie schenken. Erkennen wir aber, dass wir müde sind, sollten wir alles tun, um uns auszuruhen. *Alles, 76*

Weisheit

Weisheit entsteht aus Verstehen. Beide hängen unmittelbar miteinander zusammen. Vielleicht haben wir schon manches verstanden, aber wenn wir keine Zeit haben, achtsam zu sein und uns zu sammeln, kann sich Weisheit nicht manifestieren. Aus diesem Grund sollten wir uns ein Umfeld schaffen, in welchem uns die Entwicklung von Achtsamkeit und Konzentration leichtfällt. Man kann dies mit der Vorbereitung eines Ackers vergleichen, um der Saat das Wachstum zu ermöglichen. Weisheit ist diejenige Form des Verstehens, die aus Achtsamkeit entsteht. Wenn Sie sich dagegen gestatten, sich im Bedauern über die Vergangenheit und in Sorgen über die Zukunft zu verlieren, dann kann

Weisheit nur schwer wachsen, und es wird schwierig werden zu unterscheiden, worin richtiges Handeln in der Gegenwart besteht. *Art, 37*

Zum Leben erwachen

Stell dir vor, du bist mit einer Gruppe von Freunden zusammen, und ihr betrachtet einen wunderschönen Sonnenuntergang. Du aber befindest dich in einer schlechten Verfassung, bist sozusagen »geistesabwesend«: versunken in deine eigenen Gedanken oder Träume oder mit Zukunftssorgen beschäftigt oder verärgert über das, was in der Vergangenheit passiert ist. Weil du nicht wirklich da bist, ist auch der schöne Sonnenuntergang für dich nicht da. Wenn du aber die Kunst des achtsamen Atmens beherrschst und anfängst, achtsam ein- und auszuatmen, erwachst du zum eigentlichen Leben, und auch der schöne Sonnenuntergang wird für dich zur Wirklichkeit. In diesem Augenblick ist Leben wirklich existent, und du fängst an zu begreifen, was Erleuchtet- und Erwachtsein bedeutet, und erfährst, wie Weisheit, Verstehen und Liebe sich entfalten.

Schritte, 104

Tiefes Schauen

Zu meditieren heißt, tief in die Natur Ihres Leidens und Ihrer Freude zu schauen. Mithilfe der Energie der Achtsamkeit, indem wir uns konzentrieren und tiefes Schauen üben, wird es möglich, die Ursachen unseres Leidens und unserer Unzufriedenheit zu entdecken. Wenn Sie Achtsamkeit und Konzentration für eine gewisse Zeit in sich aufrechterhalten können, dann wird sich Ihnen letztlich die Wurzel Ihres Schmerzes zeigen. Das Ergebnis dieser tiefen Einsicht sind Frieden, Stabilität, Freiheit und Freude. *Liebe, 57*

IV

Achtsamkeit an jedem Tag

Im gegenwärtigen Augenblick

Die Vergangenheit ist schon vorüber, und die Zukunft ist noch nicht da. Nur im gegenwärtigen Augenblick können wir das Leben wirklich berühren. *Schritte, 17*

Unsere Tür öffnen

Wie viel Zeit verbringen wir vor dem Fernseher, lesen Romane oder telefonieren, nur damit unser Schmerz nicht in unser »Wohnzimmer« gelangen kann? Was wir hier tun, könnte man Sabotage nennen: Wir lehnen unsere negativen Energien ab, wir boykottieren sie. Langfristig bewirkt dieses Verhalten eine Art von Stau, da die Energien an der Zirkulation gehindert werden. Wenn das Blut nicht mehr frei in unserem Körper fließen kann, werden wir krank oder bekommen Schmerzen. Wir greifen dann zu Medikamenten oder lassen die schmerzenden Körperteile massieren, weil eine gute Durchblutung wesentlich für den Erhalt unserer Gesundheit ist. (...) Anstatt unsere negativen Energien auszusperren, sollten wir unsere Tür öffnen, damit unser Leiden hervortreten kann. Wir haben Angst davor, aber der Buddhismus lehrt uns, dass wir uns nicht zu fürchten brauchen, weil wir über eine Energie verfügen, die uns hilft, uns um unseren Schmerz und unser Leiden zu kümmern. Das ist die Energie der Achtsamkeit.

Liebe, 78f

Am Leben sein

Am Leben zu sein, ganz lebendig zu sein ist ein Wunder. Mit anderen Menschen auf diesem wunderschönen Planeten zu gehen ebenso. Erinnern wir uns daran, als wir einmal sehr krank waren und uns das Atmen sehr schwerfiel, da konnten wir unser Atmen nicht genießen. Wir waren fiebrig und hatten keine Energie, aus dem Bett aufzustehen. Unsere Kraft hatte uns verlassen. Unser sehnlichster Wunsch war es, aufstehen zu können, in den Garten zu gehen und dort herumzuspazieren, aber wir konnten es nicht.
Wenn wir kräftige Beine haben und gehen können, Augen, die noch gut sehen können, die es uns erlauben, den Himmel, die Wolken, die üppige Vegetation zu sehen, Menschen anzusehen, Kinder, dann ist das etwas ganz Wundervolles. *Hier und Jetzt, 121f*

Den Alltag neu erleben

Wenn wir das Leben und das Glück, das in uns selbst liegt, finden wollen, dann müssen wir die Art, unseren Alltag zu leben, vollständig verändern und revolutionieren. *Liebe, 24*

Wie ein weißes Blatt Papier

Viele von uns haben die Erfahrung gemacht, dass wir einen Tag oder sogar einen noch längeren Zeitraum mit unserem Ärger oder mit unseren Sorgen völlig verdorben haben. Ein neuer Tag ist wie ein weißes Blatt Papier, auf das wir viele wunderbare Dinge schreiben, zeichnen oder malen können. Wenn Sie wissen, wie Sie liebevolle Gedanken in sich erwecken können, wenn Sie wissen, wie Sie achtsam zu sprechen vermögen, dann werden Sie die positiven Samen in sich selbst und in andern wässern. Und wenn Sie wissen, wie Sie achtsam handeln können, dann machen Sie sich selbst und der anderen Person ein großes Geschenk. Füllen Sie Ihren Tag mit liebevollen Gedanken, liebevollen Worten und liebevollem Handeln. Sie sind die Künstlerin oder der Künstler, die oder der diesen Tag in ein Kunstwerk verwandeln kann. Dieses Kunstwerk bieten Sie dem Leben, der Zukunft an. Ohne die Energie der Achtsamkeit wird es Ihnen aber schwerfallen, die Ihnen zur Verfügung stehenden vierundzwanzig Stunden in ein Kunstwerk zu verwandeln. *Augenblick, 20*

Den Tag beginnen

Wir können unseren Tag mit einem Lächeln und der Absicht beginnen, uns ganz dem Pfad der Liebe und des Verstehens zu widmen. *Alles, 32*

Lächeln ist eine wunderbare Übung

Während Sie das Frühstück vorbereiten, können Sie achtsames Atmen praktizieren. Wenn Sie den Wasserhahn aufdrehen und das Wasser in den Kessel fließt, seien Sie sich des Wassers bewusst und der Tatsache, dass das Wasser in den Kessel fließt. Dann stellen Sie den Herd an, und seien Sie sich auch dessen ganz bewusst. Wenn Sie die Teeblätter einfüllen, dann tun Sie das achtsam und lächeln Sie dem Tee zu. Lächeln ist eine wunderbare Übung. Hier geht es nicht um ein diplomatisches Lächeln, sondern um das Lächeln der Achtsamkeit. Es bedeutet: »Lieber Tee, lieber Kaffee, ich bin für dich da!« Es drückt aus, dass wir das Objekt unserer Wahrnehmung als etwas Wahres erkennen. Dazu ist es aber notwendig, dass Sie selbst wirklich gegenwärtig sind; sonst können Sie die Gegenwart des anderen nicht wirklich erkennen. Das andere kann ein wunderbarer Sonnenaufgang sein; es kann ein lieber Mensch sein, dem Sie begegnen, oder es kann der Tee sein, den Sie gerade in die Tasse einschenken. *Augenblick, 21*

Ich wache auf und lächle.

Ich wache auf und lächle.
Vierundzwanzig Stunden liegen vor mir.
Ich will jeden Augenblick des Tages völlig bewusst leben
und allen Menschen mit Liebe und Mitgefühl begegnen.

Augenblick, 18

Die Achtsamkeit hat die Kraft, das zu erkennen, was im gegenwärtigen Augenblick geschieht.

Telefonmeditation

Bleiben Sie beim nächsten Telefonklingeln genau da, wo Sie sind, und werden Sie Ihres Atems gewahr. »Einatmend beruhige ich meinen Körper. Ausatmend lächle ich.« Beim zweiten Klingeln atmen Sie erneut bewusst. Verfahren Sie ebenso, wenn es zum dritten Mal klingelt. Nehmen Sie dann den Hörer ab oder drücken Sie die Verbindungstaste. (...) Wenn Sie zum Telefon greifen, so lächeln Sie, nicht nur um Ihres Wohles willen, sondern auch zum Wohl der anderen Person. Sind Sie ärgerlich oder wütend, wird der andere Ihre Negativität empfangen. Doch welch ein Glück für die anderen, da Sie lächeln. *Alles, 40f*

Guten Morgen, mein kleiner Ärger

Wenn Ärger in Ihnen aufkeimt, werden Sie sich Ihres Ärgers bewusst. Wenn Angst in Ihnen aufsteigt, werden Sie sich Ihrer Angst bewusst. Sie selbst sind immer für sich da. »Guten Morgen, mein kleiner Ärger, ich weiß, dass du da bist. Ich werde gut für dich sorgen.« »Guten Abend, meine Angst, gerade bist du aufgestiegen. Ich weiß, dass du immer da bist. Du bist ein alter Freund von mir. Ich werde mir Zeit dafür nehmen, mich um dich kümmern.« Dann praktizieren Sie Gehmeditation, achtsames Atmen, anerkennen die Gegenwart Ihrer Angst oder Ihrer Wut und beruhigen sie.

Art, 128

Es gibt keine Erleuchtung außerhalb des alltäglichen Lebens.

Die Küche

Die Küche kann ein Ort meditativer Praxis sein. Lasst uns achtsam sein, wenn wir kochen oder sauber machen. Wir können unsere Aufgaben entspannt und gelassen erledigen, indem wir unserem Atem folgen und unsere Konzentration auf die Arbeit ausrichten.

Alles, 68

Achtsames Essen

Essen ist eine meditative Praxis. Wir sollten jedem Mahl unsere vollkommene Gegenwärtigkeit schenken. Schon beim Auftragen des Essens können wir mit der Übung beginnen. Wir vergegenwärtigen uns, wie viele Elemente – zum Beispiel der Regen, der Sonnenschein, die Erde, die Arbeit der Bauern, derer, die das Essen zubereitet haben – zusammengekommen sind, um dieses wundervolle Mahl zu ergeben. Tatsächlich erkennen wir beim Betrachten unseres Essens, dass das gesamte Universum unsere Existenz unterstützt. *Alles, 60*

Das Brot in meiner Hand ist der Körper des Kosmos.

Der Samen des Mitgefühls und Verstehens

Wenn wir die Gelegenheit haben, wohlschmeckendes Essen zu genießen, so ist das etwas sehr Kostbares, das nicht allen Menschen vergönnt ist. Viele Menschen hungern. Halte ich eine Schale Reis oder ein Stück Brot in den Händen, weiß ich, wie viel Glück ich habe, und ich empfinde Mitgefühl für all jene, die nichts zu essen haben und ohne Freunde oder Familie sind. Das ist eine sehr tief greifende Praxis. Wir müssen dafür nicht in einen Tempel oder eine Kirche gehen. Wir können uns darin direkt am Esstisch üben. Durch achtsames Essen können wir Samen des Mitgefühls und Verstehens kultivieren, der uns stärken wird, etwas zu tun, damit hungrige oder einsame Menschen genährt werden.

Alles, 60

Das Alltägliche ist heilig.

Das Geschirr abwaschen –
einen Baby-Buddha baden.
Das Alltägliche ist heilig.
Alltagsgeist ist Buddha-Geist.

Alles, 69

Verbeugen

Grüßen wir einen anderen Menschen mit einer Verbeugung, gibt uns das die Gelegenheit, mit ihm gegenwärtig zu sein und die Fähigkeit zum vollkommenen Erwachen in uns und dem anderen anzuerkennen. Wir verbeugen uns nicht, nur um höflich oder diplomatisch zu sein, sondern um das Wunder des Lebendigseins und das Potenzial des Erwachens, das jedem Menschen innewohnt, zu würdigen. Sich zu verbeugen oder nicht zu verbeugen, das ist nicht die Frage. Das Entscheidende ist, dabei achtsam zu sein. *Alles, 42*

Das wahre Leben findet sich
nur im gegenwärtigen Augenblick.

Kieselsteine

Ich trage in meiner Tasche gern ein paar Kieselsteine mit mir herum. Ich habe keine Kreditkarte, kein Geld, keine Zigaretten bei mir. Vielleicht ein Stück Papier, eine kleine Glocke oder etwas Ähnliches.
Diese Kieselsteine helfen mir, mich daran zu erinnern, dass wir Menschen als Blumen im Garten der Menschheit geboren wurden. Wenn wir nicht wissen, wie wir unsere Frische bewahren können, leiden wir und haben nicht genügend Schönheit der Welt anzubieten. *Alles, 177*

Die positiven Dinge wahrnehmen

Ein Kieselstein, eine Wolke, eine Blume, all das sind Wunder. Es wäre schade, wenn wir nicht ganz mit einem Blatt, einer Blume, einer Wolke, einem Wasserlauf sein könnten und uns stattdessen nur in uns selbst verbarrikadierten, in unserem Kummer, unserer Angst, unseren Sorgen.

Die Praxis ist einfach: jeden Moment unseres täglichen Lebens tief zu leben und uns im gegenwärtigen Moment zu gründen, um darin zu verweilen. Wir hören auf, den Dingen nachzulaufen. Der Buddha hat ganz klargemacht: Die Vergangenheit ist vorbei, und die Zukunft ist noch nicht da. Es gibt nur einen Moment, an dem uns das Leben zur Verfügung steht, und das ist der gegenwärtige Moment. Unsere Verabredung mit dem Leben findet jetzt statt. Dies ist alles ganz einfach und überhaupt nicht schwierig zu verstehen. Deshalb sollten wir all unsere Energie und Zeit dazu verwenden, diese Einsichten in die Praxis umzusetzen. Üben wir Achtsamkeit im Alltag. Lasst uns lernen, wie wir zum gegenwärtigen Moment zurückkehren, wie wir jeden Moment unseres täglichen Lebens ganz da sein können, denn in diesem Moment können wir all die schönen Dinge finden, nach denen wir suchen: Frieden, Freude, Stabilität, Liebe, das Reich Gottes, das Reine Land. All diese Dinge können nur im gegenwärtigen Moment berührt werden. *Hier und Jetzt, 122f*

Das Wunder der Gegenwart

Alle Wunder des Lebens, der blaue Himmel, die Blumen, der Fluss, die Kinder, all das finden wir nur im gegenwärtigen Augenblick. *Augenblick, 14f*

Solange Ihre Arbeit die Zügel in der Hand hält, werden Sie nicht frei sein.

Das Pferd

In Zen-Kreisen wird häufig die Geschichte eines Mannes erzählt, der sehr schnell auf einem Pferd reitet. Seine Freunde, die am Straßenrand stehen, rufen ihm zu: »Wohin reitest du?« Der Reiter dreht sich herum und antwortet: »Ich weiß es nicht. Fragt das Pferd!« Das Pferd, nicht der Mann, hat die Kontrolle. Das Pferd trägt ihn, wohin es will. Viele Menschen sind in einer ähnlichen Situation. Unsere Arbeit, unser Unternehmen, unsere Institution ist das Pferd, und wir als sein Reiter sind nicht in der Lage anzuhalten. *Art, 165*

Die Türe schließen

Als sechzehnjähriger Novize brachte mir mein Lehrer bei, eine Tür mit hundertprozentiger Aufmerksamkeit zu öffnen und zu schließen. Eines Tages bat er mich, etwas für ihn zu holen. Weil ich ihn sehr verehrte und liebte, war ich besonders eifrig, eilte hinaus und schloss schnell die Tür hinter mir.

Mein Lehrer rief mich zurück: »Novize, komm zurück!« Ich kehrte um, legte meine Hände zusammen und blickte ihn an. Er sprach: »Novize, beim nächsten Mal geh achtsam und schließe die Tür achtsam hinter dir.« Dies war meine erste Lektion in der Praxis der Achtsamkeit. Ab diesem Moment begann ich damit, achtsam zu gehen und mir jeder meiner Schritte bewusst zu sein. Ich berührte mit Achtsamkeit die Türklinke. Ich öffnete achtsam die Tür. Ich ging hinaus und schloss sie achtsam hinter mir. Mein Lehrer musste mich kein zweites Mal lehren, wie eine Tür geschlossen wird. *Art, 55*

Ein kleines Lächeln

Zu atmen und zu lächeln ist für mich viel angenehmer als zu sprechen. Hier meditiere ich sitzend, ganz unangestrengt. Ich mühe mich nicht ab, um zu meditieren, ich tue gar nichts dafür. Ich gestatte es mir, entspannt zu sein. Strengt euch bitte nicht an. Seit ich in der Lage bin zu lächeln, verspüre ich Frieden in mir. Alle dreihundert Muskeln in meinem Gesicht sind gelöst. Ihr braucht nur zu lächeln, um sie zu entspannen. Ein ganz kleines, leichtes Lächeln bringt es fertig, alle diese Muskeln zu entspannen. Und weil ihr euch nicht abmüht, weil ihr euch nicht anstrengt, werden eure Schultern sich nicht verspannen und nicht schmerzen. Selbst in dieser aufrechten Haltung könnt ihr total gelöst und unverkrampft eine Weile lächelnd sitzen. *Schritte, 24*

V

Die Magie der Liebe

Zu lieben

Zu lieben bedeutet im wahrsten Sinne des Wortes, keinen Unterschied zu empfinden. Wir sollten das Element des Gleichmuts haben, dann können wir ohne Begrenzungen lieben. Gleichmut bedeutet, die drei Komplexe – besser, schlechter oder gleich zu sein – sind nicht da. Wir unterscheiden nicht länger in dieser Weise. Wir sind in der Lage, alles zu umarmen, und wir leiden nicht mehr. Gibt es Liebe ohne Unterscheidung, dann ist kein Leiden mehr da. *Quelle, 26*

Das wertvollste Geschenk

Wenn wir jemanden lieben, ist das schönste und wertvollste Geschenk, das wir ihm, das wir ihr machen können, unsere wahre Präsenz. Deshalb sollten wir üben, ganz da zu sein. Wir schauen ihn oder sie an und sagen: »Liebling, ich bin wirklich für dich da.«

Hier und Jetzt, 119

Wahrhaft zu lieben bedeutet,
für einen Menschen ganz da zu sein
und seine Gegenwart zu erkennen.

Ursprüngliches Begehren

Als Säuglinge waren wir hilflos. Wir hatten Arme und Beine, doch wir konnten sie nicht einsetzen, um irgendwohin zu gelangen. Wir konnten nur sehr wenig selbständig tun. Wir kamen von einem sehr warmen, feuchten, bequemen Ort im Bauch zu einem kalten, harten Ort und in gleißendes Licht. Um zum ersten Mal einzuatmen mussten wir zunächst einmal Lungenflüssigkeit ausspucken. Es war ein gefährlicher Moment. Unser ursprüngliches Begehren ist das Begehren, zu überleben. Und unsere ursprüngliche Angst ist, dass sich niemand um uns kümmert. Noch bevor wir sprechen oder Sprache verstehen konnten, wussten wir, das Geräusch sich näherender Schritte bedeutete, dass sich jemand um uns kümmern und uns füttern würde. Das machte uns glücklich, wir brauchten diesen Menschen wirklich.

Als Neugeborene konnten wir den Geruch unserer Mutter oder des Menschen, der für uns Sorge trug, erkennen. Wir erkannten den Klang ihrer Stimme. Wir liebten diesen Geruch und diesen Klang. Das ist die erste, ursprüngliche Liebe, geboren aus unserer Bedürftigkeit; das ist vollkommen natürlich. Quelle, 26

Wahre Liebe macht uns glücklich.
Tut sie das nicht, ist es keine Liebe;
es ist dann etwas anderes.

Das Verlangen
Ein Fisch sieht in dem Teich, in dem er lebt, einen anziehenden Köder, doch als er gerade zuschnappen will, sagt ein anderer Fisch: »Tu das nicht! Da ist ein Haken drin, in dem du dich verfangen wirst. Ich weiß das, weil es mir so gegangen ist.« Doch der andere Fisch ist jung, unerfahren und voller Energie. Er sagt: »Nein, das sieht so lecker aus, ich will das jetzt essen. Und ich werde es überleben, so wie du auch.« Das Verlangen, die Begierde, ist so groß. Wir sind bereit, dafür Risiken einzugehen. Viele Leute sagen: »Ich möchte mich gut fühlen. Dafür übernehme ich die Verantwortung, egal, wie die Konsequenzen aussehen mögen.« Doch während es einige Momente lang angenehm sein mag, den Köder zu schnappen, wird sich das Leiden schon bald einstellen.
Quelle, 48

Leerer Sex
Viele glauben, dass unser Gefühl der Einsamkeit durch sexuelle Beziehungen überwunden werden kann. Es gibt sogar Menschen, die meinen, Sex miteinander zu haben sei die beste Methode, den anderen kennenzulernen. Ich bin jedoch der Ansicht, dass Sex, wenn kein gemeinsames tiefes Anliegen, keine echte Kommunikation und kein gegenseitiges Verstehen da sind, etwas sehr Destruktives sein kann. Zuallererst sollten wir begreifen, dass das Zusammenkommen zweier Körper das Gefühl der eigenen inneren Einsamkeit niemals auflösen kann. Schlimmer noch, es kann einen Abgrund

zwischen den Beteiligten erzeugen, und ihre Einsamkeit wird größer und leidvoller als zuvor. *Fünf Pfade, 54f*

Sich selbst lieben

Wenn du dich nicht selbst lieben kannst, wenn du nicht imstande bist, gut für dich zu sorgen, wie kannst du dann einen anderen Menschen lieben und gut für ihn sorgen? *Schritte, 48*

Durstige Menschen

Der Buddha sprach einmal von einem sehr durstigen Menschen, der ein Glas frisches Wasser sieht. Er glaubt nun, dass dieses Wasser seinen Durst löschen wird. Als er näher hinsieht, entdeckt er ein Schild, auf dem steht, dass das Wasser vergiftet ist und jeder sterben wird, der davon trinkt. Doch das Wasser sieht so sauber, frisch und reizvoll aus. Ein weiser Mensch würde sagen: »Ich trinke dieses Wasser besser nicht. Ich finde etwas anderes, das meinen Durst löscht.« Doch vielen von uns erscheint das Wasser so ansprechend, dass wir sagen: »Ich werde es trinken. Und wenn ich sterbe, sterbe ich wenigstens befriedigt.« *Quelle, 48*

Wie die Sonne

Wenn wir jemanden lieben, sollten wir die Natur dieser Liebe tief betrachten. Wahre Liebe enthält kein Leiden, keine Anhaftung. Sie bringt uns und anderen Wohlergehen. Wahre Liebe entsteht innen. Mit wahrer Liebe fühlen Sie sich selbst ganz vollständig, Sie brauchen niemanden von außen. Wahre Liebe ist wie die Sonne, die allem ihr eigenes Licht anbietet. *Quelle, 29*

Umarmt werden

Geliebt zu werden heißt, umarmt zu werden von der Aufmerksamkeit, der Energie des Menschen, den wir lieben. *Hier und Jetzt, 95*

Geliebt zu sein

Vielleicht gehst du schon heute Abend zu deinem geliebten Partner oder deiner geliebten Partnerin und fragst: »Liebling, glaubst du, dass ich dich gut genug verstehe? Verstehe ich dein Leiden und deine Probleme wirklich? Habe ich dazu beigetragen, dass du leidest?« Atme achtsam ein und aus, während du sprichst. Geh zu deinem Mann oder deiner Frau und stelle diese Fragen. Das ist wahres Praktizieren. »Glaubst du, dass ich dich gut genug verstehe? Verstehe ich dein Leiden und deine Probleme? Habe ich dazu beigetragen, dass du leidest?« Wenn der andere spürt, dass du aufrichtig und mit offenem Herzen sprichst, mag er anfangen zu weinen, weil sein Leid so groß war, weil er dein Verstehen vermisste. Auch deine Kinder haben vielleicht gelitten, weil du gleichgültig warst und ihnen nicht das Verständnis entgegenbrachtest, nach dem sie sich sehnten. Glücklich zu sein, geliebt zu sein, bedeutet, verstanden zu werden. Bitte meditiere darüber. *Schritte, 72*

Blumengießen

Wir leben mit einem Menschen zusammen und teilen mit ihm den Alltag. Doch wie selten drücken wir unsere Dankbarkeit aus und sagen, was wir an ihm schätzen und was uns Freude gebracht hat? Wir wissen, wie gut positive Worte tun können, doch vergessen wir sie häufig in unserem Alltag.

Das »Blumengießen« ist eine Gelegenheit, dem anderen unsere Wertschätzung und Dankbarkeit auszudrücken. Wir wässern auf diese Weise den Samen der positiven Qualitäten, sodass sie wie Blumen erblühen können.

Augenblick, 78f

Wahrhaftige Liebe

Die Menschen, die wir lieben, leiden von Zeit zu Zeit, und wenn wir achtsam sind, können wir dies sofort erkennen.

Es ist sehr wichtig, dass Sie sich Zeit nehmen, um Achtsamkeit zu praktizieren, und dann auf den Menschen, den Sie lieben, zugehen. »Liebling, ich weiß, dass du leidest, und deswegen bin ich da für dich.« Sie haben noch gar nichts Besonderes getan; Sie sind nur ganz für den anderen da. Allein schon Ihre wahre Anwesenheit kann bereits sehr viel Erleichterung bringen. Wenn Sie sich tief verletzt fühlen und leiden und Ihr Partner dies nicht bemerkt, dann vergrößert sich Ihr Schmerz. Wie immer wir auch beschäftigt sein mögen, die Übung der Achtsamkeit hilft uns dabei zu erkennen, wenn jemand in unserer Nähe leidet. Auch das ist wahrhaftige Liebe. *Augenblick, 58*

Wahre Liebe basiert auf Respekt.
Auch zwischen Partnern.

Die Energie kontrollieren

Die sexuelle Vereinigung kann sehr schön, sehr spirituell und auch sehr heilig sein, wenn sie mit tiefem Verstehen, tiefer Absicht einhergeht. Wir wissen, dass Sexualität den Fortbestand unserer Spezies sichert und sexuelle Energie etwas ganz Natürliches ist. Viele Menschen haben Probleme, weil ihre sexuelle Energie überwältigend stark ist. Wir sollten diese Art der Energie also kontrollieren können, ansonsten wird sie uns Leiden bringen. Sie kann uns dazu bewegen, Dinge zu sagen oder zu tun, die eine Menge Schaden anrichten. Viele Familien wurden schon zerstört, viele Kinder missbraucht, die dann ihr Leben lang darunter leiden, weil Menschen nicht mit ihrer Sexualität umgehen können. *Fünf Pfade, 55f*

Tief verwurzeln

Um unserem Partner, unserer Partnerin in Treue verbunden zu bleiben und die heftigsten Stürme zu überstehen, brauchen wir tiefe Wurzeln. Warten wir damit, bis wir Probleme in der Partnerschaft bekommen, haben wir keine ausreichend starken Wurzeln ausgebildet, um dem Sturm zu widerstehen. Oft glauben wir zwar, wir seien in einem guten Gleichgewicht, doch tatsächlich ist dieses Gleichgewicht recht fragil. Ein Windstoß an die Spitzen unserer Äste reicht, dass wir umfallen. Bei manchen Bäumen sind die Wurzeln tief in der Erde, und deshalb sind sie gefestigt und stark. Es gibt aber auch Bäume, die zwar stabil erscheinen, doch ein heftiger Sturm reicht, um sie umzustoßen. Bäume können einem gewaltigen Sturm nur widerstehen, wenn ihre Wurzeln tief sind. *Quelle 111f*

Kostbare Gegenwart

Zu lieben bedeutet, sich der Gegenwart eines geliebten Menschen bewusst zu sein. Dann erkennen wir seine Gegenwart als etwas sehr Kostbares. *Augenblick, 55*

Wenn du liebst

Wenn du liebst, wenn du beanspruchst, ein liebender und liebevoller Mensch zu sein, solltest du Achtsamkeit üben. Denn Achtsamkeit lässt dich ganz präsent sein und bringt Körper und Geist zusammen. Wie kannst du lieben, wenn du nicht da bist? Liebst du wirklich, wenn du für den oder die anderen gar nicht präsent bist? Natürlich nicht! Meditieren heißt, vollkommen präsent zu sein, und Achtsamkeit ist genau die Energie, die dir dazu verhilft. Du brauchst nur achtsam ein- und auszuatmen, du brauchst nur ein paar Schritte in Achtsamkeit zu gehen, und plötzlich bist du ganz da. Und diese totale Präsenz schenkst du dem Menschen, den du liebst. *Schritte, 48*

Wir umarmen die Person, die wir lieben, mit unserer Achtsamkeit, und sie wird wie eine Blume erblühen.

Die Kunst der Umarmung

In unserem Zusammenleben gehen wir oft nicht sehr achtsam miteinander um. Wir verhalten uns ungeschickt, machen Fehler und fügen dem anderen Schmerzen zu. Es wird immer schwieriger, miteinander zu kommunizieren, und wir werden wütend aufeinander. Vater und Sohn, Mutter und Tochter, Mann und Frau –

alle leiden. Wir wissen nicht, wie wir die Knoten des Leidens in uns und in unserem Partner lösen können. Was sollen wir tun? Atme nur achtsam tief ein und aus, sei dir der Tatsache bewusst, dass ihr beide leidet, und lass dich durch den Wunsch nach Versöhnung motivieren. Wenn du dann ganz achtsam und gesammelt bist, nimm den anderen fest in deine Arme. Du brauchst nichts anderes zu tun, du brauchst nichts zu sagen. Halte ihn nur lange in deinen Armen und atme achtsam ein und aus. Die Energie der Achtsamkeit und des Verstehens, die Botschaft des Versöhnens werden sich auf ihn übertragen, auch wenn du kein Wort sprichst. *Schritte, 61ff*

Ein wundervoller Moment

Das ist ein wundervoller Moment, es ist ein Moment, in dem das Leben ganz real und tief wird: Die eine Person ist da, die andere Person ist da. Liebe ist da, denn beide sind füreinander da. Wenn wir jemanden lieben, dann sollten wir für ihn, für sie da sein. Dies ist die Praxis der Meditation: uns selbst zu hundert Prozent verfügbar zu machen als Geschenk für den Menschen, den wir lieben. *Hier und Jetzt, 120*

Die Magie der Liebe

Wenn du liebst, wenn du beanspruchst, ein liebender und liebevoller Mensch zu sein, solltest du Achtsamkeit üben. Denn Achtsamkeit lässt dich ganz präsent sein und bringt Körper und Geist zusammen. Wie kannst du lieben, wenn du nicht da bist? Liebst du wirklich, wenn du für den oder die anderen gar nicht präsent bist? Natürlich nicht! Meditieren heißt, vollkommen präsent zu sein, und Achtsamkeit ist genau die Energie, die dir dazu verhilft. Du brauchst nur achtsam ein- und auszuatmen, du brauchst nur ein paar Schritte in Achtsamkeit zu gehen, und plötzlich bist du ganz da. Und diese totale Präsenz schenkst du dem Menschen, den du liebst. *Schritte, 50*

Zwei Gärten

Sie haben zwei Gärten, Ihren eigenen und den Ihres Geliebten, Ihrer Geliebten. Als Erstes müssen Sie sich um Ihren eigenen Garten kümmern und die Kunst des Gärtnerns beherrschen. In jedem von uns gibt es Blumen und Abfall. Der Abfall sind unsere Wut, Ängste, unsere Eifersucht, unsere Unterscheidungen. Wässern Sie den Abfall, stärken Sie die negativen Samen. Gießen Sie die Blumen des Mitgefühls, der Liebe und des Verstehens, stärken Sie die positiven Samen. Es liegt an Ihnen, was Sie wachsen lassen. Wissen Sie nicht, wie Sie in Ihrem eigenen Garten selektiv wässern, werden Sie auch nicht über genügend Weisheit beim Gießen der Blumen im Garten Ihrer Geliebten verfügen. Sorgen Sie gut für Ihren Garten, tragen Sie zur Kultivierung auch ihres Gartens bei. *Quelle, 111f*

Die Quelle des Verstehens

Verstehen bedeutet zugleich Lieben. Die Quelle des Verstehens ist auch die Quelle der Liebe. Lieben und Verstehen sind untrennbar miteinander verbunden. Wenn du den anderen Menschen nicht verstehst – weder seinen Schmerz und sein Leiden noch seine Sehnsüchte –, ist es unmöglich, dass du ihn liebst. Ein Vater mag den besten Willen haben, seinen Sohn zu lieben und ihn glücklich zu machen. Wenn er aber nichts weiß von seinem Leiden und Schmerz, von seinen Wünschen und Hoffnungen, seinen Problemen und Schwierigkeiten, wenn er also nicht versteht, was seinen Sohn zutiefst bewegt, wird er ihn nicht glücklich machen können. Es gibt keine Liebe ohne Verstehen, und deshalb übersetze ich »bodhicitta«, was so viel wie »Erleuchtungsgeist« bedeutet, gern mit »Geist der Liebe«.

Schritte, 103

Neugierig sein

Wir können unseren Partner fragen: »Liebster, bitte erzähl mir doch etwas aus deiner Kindheit. Was hast du gerne gegessen? Welche Spiele hast du gespielt? Welche Probleme hattest du?« Wenn wir wirklich neugierig sind, werden wir diese Dinge wissen und verstehen wollen. Sind wir tatsächlich neugierig und wollen wir wirklich ganz für die andere Person da sein, wird sie uns aus ihrer Kindheit erzählen. Einfach indem wir ihr zuhören, was sie uns über ihre frühen Jahre erzählt – vielleicht war sie glücklich, vielleicht wurde sie misshandelt und ihr Leiden ist noch immer in ihr, von anderen unerkannt, in ihr gegenwärtig –, werden wir zu ihrer besten Freundin, ihrem besten Freund. *Quelle, 67f*

Das Verstehen nähren

Wenn wir nicht wissen, wie wir auf unsere Liebe achten, kann sie sich leicht in Leid verwandeln. Sobald Verstehen da ist, wissen wir, was wir tun und was wir unterlassen sollten, damit Glück und Frieden weiterhin Bestand haben. Das ist wahre Liebe. Durch die Praxis des tiefen Zuhörens und der einfühlsamen Rede nähren wir das Verstehen in uns. Ohne wahre Liebe können wir nicht glücklich sein. *Art, 121*

Nektar des Mitgefühls

Wenn wir fähig sind, Bewusstheit und Mitgefühl in uns lebendig zu erhalten, dann sind wir in der Lage, über eine Stunde nur zuzuhören, selbst wenn das, was die andere Person sagt, eine Menge falscher Wahrnehmungen, Verurteilungen und Bitterkeit enthält. Wir können weiter zuhören, weil wir bereits durch den Nektar des Mitgefühls in unserem Herzen beschützt werden. Um unser Mitgefühl lebendig zu erhalten, ist es wichtig, dass wir gegenwärtig sind, dass wir achtsam unserem Atem folgen, sonst werden wir unsere Fähigkeit, zuzuhören, verlieren. Reizbarkeit und Ärger werden aufsteigen, die andere Person wird es bemerken, und sie wird nicht in der Lage sein, weiterzusprechen. *Fünf Pfade, 64f*

Einander zuhören

»Lasst uns einander zuhören.« »Lasst uns füreinander da sein.« Wir müssen solche einfachen Dinge sagen. Ansonsten wird die Vereinigung zweier Körper nach einer Weile sehr monoton. Und selbst wenn wir dann mit unserem Partner zusammen sind, werden wir uns weiterhin allein fühlen. Und dann suchen wir nach jemand anderem, mit dem wir zusammen sein könnten. Auf diese Weise sind wir immer auf der Suche. Doch glauben Sie nicht, dass Sie das, was tief in einem anderen Menschen liegt, erkennen können, wenn Sie ihm nur in die Augen schauen! Haben Sie den Eindruck, dass Sie Ihren Geliebten in- und auswendig kennen und Sie deshalb gelangweilt oder unruhig sind, dann irren Sie sich. Sind Sie sicher, dass Sie sich selbst kennen? *Quelle, 67f*

Eltern

Unsere Eltern haben uns in diese Welt gebracht. Wenn unsere Eltern sich gut verstanden und einander geliebt haben, hat uns das die Erfahrung wahrer Liebe ermöglicht. Haben unsere Eltern sich nicht verstanden und geliebt, hatten wir diese Chance nicht. Wenn unsere Eltern einander verstanden und geliebt haben, waren sie unsere ersten Lehrer in der Kunst des Liebens. Sie haben uns dafür keinen extra Unterricht gegeben. Ihre Art und Weise, füreinander Sorge zu tragen, war der beste Unterricht.

Das kostbarste Erbe, das Eltern ihren Kindern hinterlassen können, ist ihr eigenes Glücklichsein. Das ist das wertvollste Geschenk, das sie ihren Kindern machen können. Ihre Kinder können diese Lektion ihr ganzes Leben lang verwenden. Sie können ihnen vielleicht kein Geld hinterlassen oder Landbesitz, doch Sie können ihnen helfen, glückliche Menschen zu werden. Glückliche Eltern sind das reichste Erbe, das man sich nur vorstellen kann. *Quelle, 65*

Beziehung

Du bist ich, und ich bin du.
Zeigt sich nicht deutlich, dass wir
miteinander verbunden,
ineinander verwoben sind?
Du hegst die Blume in dir,
damit ich schön werde.
Ich verwandle den Unrat in mir,
damit du nicht leiden musst.

Ich unterstütze dich;
du unterstützt mich.
Ich bin auf der Welt, um dir Frieden zu schenken;
du bist auf der Welt, um mir Freude zu sein.

Hier und Jetzt, 131

Unser wahres Zuhause

Wir alle suchen nach einem Ort, an dem wir uns sicher und wohl fühlen, ein Zuhause, an dem wir wahrhaft wir selbst sein können. Werden wir in unserer Achtsamkeit zunehmend geschickter und stärken die Wurzeln der Treue, können wir mit unserem Partner, unserer Partnerin ganz entspannt sein. Alle Unruhe und Suche lösen sich auf und wir finden unser wahres Zuhause. Unser wahres Zuhause ist in uns. Schauen wir unser eigenes Leiden, unsere Energien und Sichtweisen genau und ehrlich an, finden wir einen Frieden, der da herrührt, dass wir uns in unserem Körper wohl fühlen. Doch unser wahres Zuhause ist nicht nur in uns. Wenn wir uns wohl mit uns fühlen, können wir beginnen, das Leiden unseres Liebsten zu hören und seine Erfahrungen und Ansichten zu verstehen. Dann können wir wahrlich einander ein Heim sein. In Vietnam nennt jeder den anderen Ehepartner »mein Heim«. Wird ein Mann gefragt: »Wo ist Ihre Frau?«, sagt er vielleicht: »Mein Heim ist bei der Post.« Fragt jemand eine Frau, woher sie etwas habe, antwortet sie vielleicht: »Mein Heim hat das gemacht.« Wenn ein Ehemann seine Frau ruft: »Mein Heim?«, antwortet sie: »Hier bin ich.« *Quelle, 111f*

Ein Herz der Liebe

In uns allen findet sich die Quelle höchster Weisheit – die Quelle der Liebe. In uns allen schlägt ein Herz des Verstehens, ein Herz der Liebe. *Schritte, 129*

VI

Zum wahren Selbst finden

Froschlosigkeit

Die erste Frucht der Praxis
ist das Erlangen der Froschlosigkeit.

Wenn man eine Froschdame
mitten auf einen Teller setzt,
so springt sie
nach wenigen Sekunden wieder herunter.

Setzt du die Froschdame erneut
mitten auf den Teller,
springt sie wieder fort.

Du hast so viele Pläne.
Da gibt es etwas, was du unbedingt werden willst.

Deshalb willst du immer einen Sprung machen,
einen Sprung vorwärts.

Es ist schwierig,
den Frosch in der Mitte des Tellers festzuhalten.
Du und ich,
wir haben beide Buddhanatur in uns.
Das macht Mut, aber du und ich,
wir haben auch beide Froschnatur in uns.

Deshalb
heißt das erste Ziel
der Praxis –
Froschlosigkeit.

Hier und Jetzt, 91f

Fische am Haken

Oft gleichen wir Fischen, die an einem Haken hängen. Wie sieht Ihr Köder aus? Etwas zieht uns magnetisch an und wir wollen es in unseren Besitz bringen. Wir beißen zu, obwohl wir wissen, dass es eine Falle ist. Ruhm, Sex, Macht und Reichtum sind die vier Köder, die einen Haken haben. Wenn Sie von einem dieser Dinge getrieben werden, werden Sie leiden. Reichtum schenkt Ihnen ein Gefühl von Macht und von Bedeutsamkeit. Es gibt so viele positive Begleiterscheinungen, die mit Reichtum verbunden sind, dass Sie in Ihrem Streben innehalten. Allerdings können Sie auf diese Weise nicht nur sich selbst, Ihrer Familie oder Firma schaden, sondern auch der Umwelt sowie der ganzen Gesellschaft. *Art, 81*

Zustände unseres Geistes

Gedanken und Gefühle fließen unaufhörlich in uns wie Bäche, Flüsse und Ströme. Wir füttern unser Bewusstsein jeden Augenblick unseres täglichen Lebens mit ihnen. Das Bewusstsein enthält alles, also auch eine Menge falscher Wahrnehmungen und eine Menge Unzulänglichkeiten, die daraus resultieren. In den buddhistischen Schriften heißt es, dass das Bewusstsein von den geistigen Formkräften abhängig ist und umgekehrt. Diese Formkräfte sind die Zustände unseres Geistes. Sie resultieren aus Unwissenheit. Die buddhistische Psychologie kennt einundfünfzig solcher Formkräfte. Darunter sind positive Kräfte wie Mitgefühl, Gleichmut, liebende Güte, Treue und so weiter. Aber es gibt auch negative wie Gier, Diskriminierung, Angst und Wut. Mit all dem füttern wir andauernd unser Bewusstsein. Jeden Tag aufs Neue lassen unsere verzerrten Wahrnehmungen Gier, Angst und Gewalt entstehen. Wie Flüsse strömen sie immerzu in unseren individuellen und kollektiven geistigen Ozean.

Fünf Pfade, 78f

Wenn unser Bewusstsein von Illusionen gereinigt ist, ist es Weisheit.

Das Bewusstsein reinigen

Es ist unsere Aufgabe, das vorhandene Bewusstsein zu reinigen. Wie können wir das tun? Es ist genauso wie mit einem Glas schlammigen Wassers. Um ein Glas klaren Wassers zu bekommen, dürfen wir nicht etwa das schmutzige wegschütten. Wir müssen es filtern. Wenn wir das Bewusstsein wegwerfen, erhalten wir niemals Weisheit. Aus unserem Bewusstsein manifestieren sich unser Körper und Geist. Sie sind eine direkte Verkörperung des Bewusstseins. Wenn das Bewusstsein vergiftet ist, werden sowohl unser Körper als auch unser Geist leiden. *Fünf Pfade, 80*

Verstehen unseres Selbst

Solange Sie sich nach Akzeptanz und Bestätigung sehnen und versuchen, sich zu ändern, damit Sie in das Bild hineinpassen, das sich andere Menschen von Ihnen machen, leiden Sie Ihr Leben lang. Wirkliches Glück und wahre Macht basieren auf dem Verstehen unseres Selbst und dem daraus erwachsenden Selbstvertrauen. *Art, 118*

Zu uns selbst zurückkehren

Wenn wir das uns umhertreibende Verlangen beruhigen können, erkennen wir, dass wir in Wirklichkeit gar nicht nach Ruhm und Reichtum suchen, sondern nach Freude und Glück. Weil wir glücklich sein wollen, suchen wir nach Macht außerhalb von uns. Solange wir aber Macht und Glück in Ruhm, Geld und Sex suchen, finden wir sie nicht. Nur wenn wir zu uns selbst zurückkehren und unseren Geist klären, sind wir in der Lage, die Erfahrung wahren, andauernden Glücks und unbestechlicher Macht zu machen. *Art, 92*

Zu unserem wahren Selbst finden

Wenn wir mit anderen Menschen im Kampf liegen oder uns mit unseren Eltern oder Freunden, vielleicht sogar mit der ganzen Gesellschaft nicht verstehen, kann die Ursache dafür sein, dass wir mit uns selbst im Kampf liegen, weil wir uns, so wie wir sind, nicht wirklich angenommen haben. Ist das der Fall, so ist es kein weiter Schritt, bis wir mit anderen einen Krieg beginnen. Dann müssen wir uns bemühen, ins Hier und Jetzt und zu unserem wahren Selbst zurückzufinden. Wir müssen die Situation durch tiefes Schauen ergründen und unsere Harmonie und unseren inneren Frieden wiederherstellen. Das zu lernen ist eine Kunst, um die es in der Meditation geht. *Schritte, 33*

Absichtslosigkeit

Ich nehme mir Zeit. Ich möchte sein, wie ich bin. Ich lehne mich nicht ab, so wie ich jetzt und hier bin. Darin besteht unsere Praxis – wir nennen dies Absichtslosigkeit. Wir richten kein Ziel vor uns auf und versuchen dann, es irgendwann zu erreichen. Wenn wir das tun, kommen wir niemals zur Ruhe und werden nie glücklich. Glück ist nur dann möglich, wenn wir damit aufhören, irgendetwas hinterherzulaufen, und lernen, den gegenwärtigen Augenblick und uns selbst wertzuschätzen. Zu sein, wie Sie sind, ist bereits ein Wunder. Sie müssen niemand anderes werden. Sie sind ein Wunder des Lebens. *Art, 177*

Die Schönheit in uns entdecken

So wie der wahre Meister in uns selbst existiert, so sind der wahre Gegenstand unserer Liebe wir selbst. Wir müssen lernen, uns selbst zu lieben, zu unserer wahren Natur zurückzukehren, um die grundlegende Vollkommenheit, das Gute, Wahre und Schöne in uns zu entdecken. Dann werden wir diese Eigenschaften auch in anderen erkennen können. Wir werden nicht mehr von äußeren Erscheinungen geblendet. Wenn wir einen Menschen lieben, haben wir die Pflicht, ihn auf eine Weise zu betrachten, die unseren Blick von falschen Wahrnehmungen freihält. Wahre Güte birgt wahre Schönheit in sich und authentische Wahrheit. Dies ist die Einsicht vom Intersein. Wahres ist immer schön. Güte und Freundlichkeit sind immer schön. Und Schönheit ist stets wahr und gut. *Art, 128*

Ein Buddha werden?

Ich erinnere mich an einen Tag, an dem ich zusammen mit einem Novizen Tee trank und ihn fragte: »Mein Lieber, möchtest du, dass ich schnell ein Buddha werde?« Raten Sie, was er antwortete: »Nein, ich möchte, dass du bleibst, was du bist. Das ist für mich gut genug.«

Art, 177

Zu erwachen heißt, erwachsen zu werden

Heutzutage hegen viele junge Leute ihren Eltern gegenüber einen Groll. Sie machen ihnen Vorwürfe und brechen die Verbindung zu ihnen ab. Sie wollen nicht mehr an sie denken, weil sie so sehr leiden. Ist es aber möglich, sich von den Eltern völlig loszusagen und sie zu vergessen? Du willst zwar vergessen, aber das bedeutet nicht, dass du es auch kannst. Du sagst, du wollest eine neue Seite im Buch deines Lebens aufschlagen. Schaffst du das aber wirklich? Kannst du das, was gewesen ist, zu nichts verwandeln? Denke daran, dass drei untrennbar miteinander verbundene Elemente bei der Übertragung zusammenkommen. Nämlich erstens derjenige, der überträgt, zweitens dasjenige, was übertragen wird, und drittens derjenige, der das Übertragene empfängt. Diese drei sind eins. Du bist also der Empfänger deines Körpers und deines Bewusstseins, der Empfänger all der Samen von Glück und Kummer, Zorn und Hass. Gleichzeitig bist du aber auch Objekt der Übertragung und auch derjenige, der weiter überträgt. Wenn du zu der Einsicht kommst, dass Übertragung durch Leerheit gekennzeichnet ist, wirst du aufhören, dich zu ereifern und wie ein kleines Kind zu benehmen. Du wirst erwachsen, denn Erwachen bedeutet, erwachsen zu werden. *Schritte, 117*

Ein Gedanke ist ein Gedanke, sonst nichts

Wir denken ständig, und viele unserer Gedanken sind nicht sehr positiv, sie machen uns zum Opfer negativen Denkens. Wenn Sie sagen: »Ich bin zu nichts gut«, dann ist das ein Gedanke, der das Potenzial hat, Sie leiden zu lassen. »Ich kann das nie zu Ende bringen«, »ich kann nicht meditieren«, »ich kann nicht verzeihen«, »ich bin verzweifelt«, »ich werde das nie zustande bringen« oder »er will mich vernichten«, »niemand liebt mich« – diese Art des Denkens ist nicht die Art des Denkens, die der Buddha das »Rechte Denken« nannte; es entspricht nicht der Realität. (...)

»Mein Freund muss etwas über mich zu meinem Lehrer gesagt haben, deshalb hat er mich heute nicht angesehen.« So denken Sie – und Ihr Denken mag völlig verkehrt sein. Sie müssen sich unbedingt bewusst sein, dass Ihr Gedanke nur ein Gedanke ist. Er ist nicht die Realität. Wenn Sie aber denken, »mein Lehrer missversteht mich, aber ich kann ihm dabei helfen, mich besser zu verstehen, ich werde ihm helfen, mich zu verstehen« – dann ist das ein positiver Gedanke, und Sie sind dann nicht mehr Opfer. Sie werden Ihren negativen Gedanken kein neues Leben einhauchen. *Hier und Jetzt, 73ff*

Der Vater in uns, die Mutter in uns

Es ist sehr wichtig, uns mit unseren Ahnen und mit kommenden Generationen zu verbinden. Entfremdung ist eine Krankheit. Es gibt Menschen, die sich nichts und niemandem verbunden fühlen, und sie leiden an

ihrem Getrenntsein, an ihrer Einsamkeit. Kein Verstehen, keine Liebe nährt sie. Die Verbindung wiederherzustellen ist eine sehr wichtige Praxis.
Ich fühle mich immer als Fortsetzung meiner Ahnen. Jeden Tag übe ich, mich mit meinen Ahnen zu verbinden. Wir können sie in uns lebendig werden lassen, denn wir sind ihre Fortführung. *Hier und Jetzt, 142*

Wir sind eine sehr reale
Fortführung unseres Vaters.

Das Rad des Samsara

Vielleicht haben wir als Jugendliche schon so viel gelitten, dass wir uns vornahmen, ganz anders als unser Vater zu werden. Wir wollen das, was er uns angetan hat, niemandem antun. Wir sind ganz entschlossen, und doch: Weil wir nicht wissen, wie wir die Energien, die er uns übertragen hat, transformieren können, werden wir, wenn wir älter sind, die Tendenz in uns wahrnehmen, uns genauso zu verhalten. Das nennt man das Rad des Samsara, den Kreislauf des Leidens, einen Teufelskreis. Wir lassen unsere Kinder, unsere Partner genauso leiden.
Die Gewohnheitsenergie wird von Generation zu Generation übertragen. Der einzige Ausweg ist, wahrzunehmen, dass wir die Fortführung unseres Vaters, unserer Mutter, unserer Vorfahren sind. Wir sind er,

wir sind sie, und wir sind entschlossen, so zu praktizieren, dass wir uns und sie gleichzeitig befreien können. Unsere Blutsverwandten haben uns viele guten Samen übertragen, aber ebenso auch viele negative. Es liegt an uns, so zu praktizieren, dass wir die positiven Samen stärken und die negativen Samen schwächen und transformieren. *Hier und Jetzt, 142ff*

VII

Eins werden

Netz aus Begriffen

Ein Zen-Meister sprach einmal vor einer großen Versammlung: »Meine Freunde, immer wenn ich das Wort Buddha höre, leide ich. Ich bin gegen dieses Wort allergisch. Jedes Mal, wenn ich es ausspreche, muss ich das Badezimmer aufsuchen und mir meinen Mund dreimal hintereinander ausspülen.« Er sagte das, um seinen Schülerinnen und Schülern zu helfen, nicht am Begriff Buddha anzuhaften und sich verwirren zu lassen. Buddha ist eine Sache, der Begriff Buddha eine andere. Ähnliches sagte ein anderer Zen-Meister: »Triffst du den Buddha unterwegs, dann töte ihn.« Sie müssen den Begriff Buddha töten, damit sich Ihnen der wirkliche Buddha zeigen kann. An jenem Tag, als der Zen-Meister vor der Versammlung sprach, erhob sich ein in der Praxis sehr gefestigter Mönch und sagte: »Verehrter Meister, jedes Mal, wenn du das Wort Buddha aussprichst, muss ich zum Fluss gehen und mir dreimal hintereinander die Ohren auswaschen.« Zwischen dem Zen-Meister und dem Mönch herrschte vollkommenes Einverständnis. Wir dürfen uns nicht in einem Netz aus Begriffen und Konzepten verfangen. *Liebe, 117ff*

Mutter des Buddha

Auch du bist eine Mutter des Buddha. Auch du trägst ein Buddha-Baby in dir, ganz gleich, ob du ein Mann oder eine Frau bist. Denn in dir gibt es die Quelle der Weisheit, die Quelle der Liebe. Du bist die Mutter aller Buddhas der Vergangenheit, du bist die Mutter aller Buddhas der Gegenwart und wirst die Mutter aller Buddhas der Zukunft sein. Weil in dir Leerheit ist, ist in dir der ganze Kosmos enthalten, genau wie eine Lotusblume den ganzen Kosmos enthält. Die Erde legt Zeugnis ab von der Geburt und dem Dahinscheiden aller Buddhas. Mutter Erde hat auch dich hervorgebracht. Eines Tages wirst du zu ihr zurückkehren, um dich immer wieder aufs Neue zu manifestieren. Du bist so alt wie die Erde, so alt wie der Kosmos. Und wie in Mutter Erde, wie in der Lotusblume ist auch in dir der ganze Kosmos enthalten. *Schritte, 131*

Unsere wahre Natur

Ich halte unser tägliches Leben für die beste Grundlage, um zu lernen, wie wir friedvoll leben können. Manchmal neigen buddhistische Lehrer dazu, den Dharma-Schatz nur mit dem Guten und Schönen zu identifizieren. In dem Ausspruch: »Violetter Bambus und gelbe Blumen sind nichts anderes als der Dharma-Schatz; weiße Wolken und der Mond entfalten die ganze Wahrheit« wird aber die Hälfte unserer wahren Natur unterschlagen.

Das tatsächliche Gesicht unserer wahren Natur ist auch der Schmutz – Gier, Hass, Unwissenheit –, das Leiden und das Morden unter den Menschen. Im Reinen Land wird der Gesang der Vögel zur Stimme des Dharma. Auch auf Erden kann der Gesang der Vögel unsere wahre Natur offenbaren. Ein Meister sagte einst: »Alle Dinge sind von Anbeginn weder geboren, noch vergehen sie.« *Weg, 101f*

Das Nicht-Selbst verstehen

Menschen haben keine eigenständige, abgetrennte Existenz, genauso wenig wie eine Blume. Die Wolke ist in der Blume. Der Vater ist in dem Kind. Diese Wahrheit zu verstehen bedeutet, Nicht-Selbst zu verstehen. Haben wir Nicht-Selbst vollkommen erfasst, gibt es keine Anhaftung mehr für uns. Sind wir aber in dualistischem Denken, in Vorstellungen und Begriffen von Dies und Das gefangen, sehen wir Vater und Sohn als zwei verschiedene Identitäten; wir sehen Körper und Geist, Geburt und Tod als verschieden an. *Quelle, 54*

Wir haben uns in Vorstellungen von Sein und Nicht-Sein verfangen.

Der Mensch ist Teil der Natur

Obgleich wir Menschen Tiere sind, das heißt ein Teil der Natur, sondern wir uns von ihr ab. Wir betrachten andere Tiere und Lebewesen als Natur und verhalten uns so, als wären wir kein Teil von ihr. Dann fragen wir uns: Wie sollen wir mit der Natur umgehen?

Die Antwort lautet: Wir sollten mit ihr so verfahren, wie wir mit uns selbst umgehen sollten – uns nicht schaden und der Natur nicht schaden. Tatsächlich ist die Schädigung der Natur gleichbedeutend mit der Schädigung unserer selbst.

Wir Menschen glauben, wir seien besonders klug, aber eine Orchidee zum Beispiel weiß, wie sie edle, symmetrische Blüten hervorbringen kann. Und eine Schnecke weiß, wie sie sich ein schönes, wohlproportioniertes Haus bauen kann.

Im Vergleich zu deren Wissen erscheint uns das unsere dann gar nicht mehr groß. Wir sollten uns tief vor der Orchidee und der Schnecke verbeugen und in Ehrfurcht unsere Handflächen vor dem Monarchen-Schmetterling und dem Magnolienbaum zusammenlegen. Das Gefühl der Achtung für alle Arten hilft uns, die erhabene Natur in uns selbst zu entdecken. *Fünf Pfade, 35f*

Wir gleichen einer Welle im Ozean.

Im Ozean von Samsara

In jener Nacht, als der Buddha unter dem Bodhibaum saß und Erleuchtung erlangte, entdeckte er etwas, das ihn überraschte. Er erkannte, dass Schönheit und Vollkommenheit in jedem Menschen vorhanden sind und gefunden werden können, aber nur sehr wenige Menschen dies wissen. Die Menschen denken, dass Wahrheit, Schönheit und Güte immer woanders, immer in jemand anderem existieren. Sie wissen nicht, dass sie ihrem Wesen nach selbst vollkommen, schön und gut sind. Unser ganzes Leben sind wir auf der Suche nach einem Menschen, der in der Lage ist, dasjenige zu ersetzen, von dem wir denken, es fehle uns.

Der Buddha sprach im Augenblick seiner Erleuchtung: »Wie seltsam – alle fühlenden Wesen sind im Besitz der vollkommen erwachten Natur, aber sie wissen es nicht. Und daher treiben und versinken sie von einem Leben zum anderen im großen Ozean von Samsara, im Ozean des Leidens.« *Art, 115f*

Die Welle

Wir gleichen einer Welle im Ozean, die glaubt, sie sei schwach und hässlich, während die anderen Wellen schöner und stärker seien. Unsere Welle hat einen Minderwertigkeitskomplex. Sobald sie aber ihre wahre Natur berührt, nämlich ihr Wasser-Sein, erkennt sie, dass Wasser alle Auffassungen von »schön«, »hässlich«, »hoch«, »tief«, »dort« und »hier« durchdringt. Egal ob es eine große oder kleine Welle, eine halbe Welle oder eine Drittelwelle ist, sie ist und bleibt immer Wasser. Wasser ist jenseits all dieser Qualifizierungen – es ist ohne Geburt und ohne Tod. Eine Welle ist in Wirklichkeit nichts anderes als Wasser und in dieser Hinsicht sind alle Wellen gleich: Alle bestehen aus Wasser. *Art, 116*

Eine Eiche ist eine Eiche

Das ist alles, was eine Eiche tun muss. Wenn eine Eiche weniger als eine Eiche wäre, würden wir alle in Schwierigkeiten geraten. In unseren früheren Leben waren wir Felsen, Wolken und Bäume. Vielleicht waren wir sogar eine Eiche.

Dies ist nicht nur eine buddhistische Überzeugung; sie lässt sich auch wissenschaftlich begründen. Wir Menschen sind eine sehr junge Spezies. Erst vor Kurzem erschienen wir auf der Erde. Zuvor waren wir Pflanzen, waren Bäume, und jetzt sind wir Menschen geworden. Wir sollten uns an unsere vergangenen Leben erinnern und bescheiden werden.

Wenn wir grünes Gemüse betrachten, sollten wir wissen, dass auch die Sonne »grün« ist, nicht nur das Gemüse. Denn die grüne Farbe in den Blättern der Gemüsepflanzen ist der Anwesenheit der Sonne zuzuschreiben. Ohne die Sonne könnte keine Art überleben. Die Blätter nehmen das Sonnenlicht auf, wenn es auf ihre Oberflächen scheint. Sie behalten die Sonnenenergie zurück und entnehmen Kohlenstoff aus der Atmosphäre, um Nährsubstanz für die Pflanze herzustellen. Ohne Sonne, Wasser, Luft und Erde gäbe es kein Gemüse. Das Gemüse ist sozusagen das Zusammentreffen zahlreicher nahe und fern liegender Bedingungen.

Fünf Pfade, 37f

Das kleine Insekt

Wenn wir ein kleines Insekt in Gefahr sehen, werden wir vielleicht eine halbe Minute benötigen, um es zu retten. Wir glauben dann, wir haben dem Insekt zuliebe gehandelt, aus unserem Mitgefühl heraus. Aber während wir dies tun, kultivieren wir das Mitgefühl in uns selbst und sind glücklich dabei. Was bedeutet es, Mitgefühl zu entwickeln? Für mich heißt Mitgefühl, fähig zu sein, in Beziehung zu anderen Lebewesen zu treten. Wenn wir zu anderen Lebewesen in Beziehung treten, werden unsere Einsamkeit, unser Gefühl des Getrenntseins verschwinden. Für wen ist also dieses Mitgefühl – für die anderen oder für uns selbst? Die Antwort heißt: für beide Seiten. Jedes Wort, jeder Gedanke, jede Tat, die aus der Einsicht in das Nicht-Selbst, das Miteinander-Verwobensein herrührt, wird zur Heilung und Versöhnung in uns selbst und in unserer Umwelt beitragen. *Hier und Jetzt, 135*

Mit den Augen des Buddha
sehen wir die Wolken
und den Regen in der Blume.

Intersein

Wenn wir tief in eine Blume hineinschauen, sehen wir all die Elemente, die zusammengekommen sind, um sie hervorzubringen. Wir sehen die Wolken, den Regen. Ohne Regen kann nichts wachsen. Wenn ich die Blume berühre, berühre ich die Wolke und den Regen. Dies ist keine Poesie, dies ist die Wirklichkeit. Wenn wir die Wolke und den Regen aus der Blume herausnehmen wollten, dann wäre die Blume nicht mehr da. Mit den Augen des Buddha sehen wir die Wolken und den Regen in der Blume. Wir können die Sonne berühren, ohne uns die Finger zu verbrennen. Ohne die Sonne kann nichts wachsen, und so können wir die Sonne nicht aus der Blume entfernen. Die Blume kann nicht getrennt existieren, sie muss mit dem Licht, mit den Wolken, mit dem Regen intersein. Das Wort Intersein kommt der Wirklichkeit näher als der Begriff Sein. Sein heißt tatsächlich Intersein.

Dasselbe gilt für Sie, für mich. Wir sollten uns darin üben, in unserem Alltag die Wirklichkeit des Interseins, des Nicht-Selbst in jedem Moment zu berühren. Wir sind mit den Wolken, mit dem Regen, mit den Kindern, mit den Bäumen, mit den Flüssen verbunden. Diese Verbindung offenbart uns die wahre Natur der Wirklichkeit, die Natur der Unbeständigkeit, des Interseins, des Nicht-Selbst, der gegenseitigen Abhängigkeit.

Hier und Jetzt, 132f

Jeder von uns sollte sich fragen, wie groß, wie weit sein Herz ist.

Je mehr wir geben, desto reicher werden wir

Gibt es etwas, das uns helfen kann, das Tor unseres Herzens zu öffnen und die andere Person, die andere Gruppe, das andere Volk anzunehmen?

Das Tor der Weitherzigkeit ist das Tor zum Frieden. Um unser Herz öffnen zu können und es weit werden zu lassen, müssen wir verstehen lernen. Wir müssen die Natur der wechselseitigen Verbundenheit, des Interseins, begreifen. Wenn ich mich um dich kümmere, kümmere ich mich um mich. Wenn ich mich um mich kümmere, kümmere ich mich um dich. Freude und Sicherheit sind keine individuellen Angelegenheiten. Wenn du nicht sicher bist, bin ich nicht sicher. Wenn du lächeln kannst, kann auch ich lächeln. Das ist die Art des Verstehens, die wir brauchen. Und wenn dieses Verstehen in unserem Herzen wohnt, dann können wir andere annehmen, sie einbeziehen und umarmen.

(...)

Es gibt in Vietnam eine Art Gemüse, das zur Familie der Zwiebeln gehört. Je mehr man dieses Gemüse zurückschneidet, desto mehr wächst es. Genauso ist es mit der Großzügigkeit. Es klingt seltsam, aber es stimmt: Je mehr wir geben, desto mehr wachsen wir, desto reicher werden wir. *Fünf Pfade, 48f*

Wahres Geben kann nur aus der Weisheit der Nicht-Unterscheidung geschehen.

Tiefe Verbundenheit

Jeder Regentropfen im Frühling dringt in das Blatt ein. In einem Regentropfen finden wir auch den Sonnenschein. Während des Sommers verdunstet der Sonnenschein das Wasser aus Weihern und Seen und formt die Wolken. Dank der kühlen Luft werden die Wolken zu Frühlingsregen. Wir können sagen, dass der Regen die Erde küsst, wir könnten aber genauso gut sagen, dass der Sonnenschein die Erde küsst, denn in jedem Regentropfen ist Sonnenschein. Wir entdecken die tiefe Verbundenheit zwischen Sonne und Erde. *Hier und Jetzt, 176*

Der Sonnenschein

Der Sonnenschein schwingt auf dem Raum,
und die Poesie schwingt auf dem Sonnenschein.
Die Poesie gebiert den Sonnenschein
und der Sonnenschein die Poesie.

Hier und Jetzt, 170

Füreinander da sein

Ich kenne einen Jungen, der an seinem zwölften Geburtstag von seinem Vater gefragt wurde, was er sich von ihm wünsche. Der Junge schaute etwas verlegen. Sein Vater ist ein sehr reicher Geschäftsmann, und er hätte dem Jungen alles kaufen können, was der sich gewünscht hätte. Der Junge zögerte, denn wonach er sich am meisten sehnte, war die Anwesenheit seines Vaters. Dieser war ein äußerst beschäftigter Mann. Er widmete seine ganze Zeit dem Erfolg seines Geschäfts, und so hatte er keine Zeit für sich selbst, für seine Frau und seine Kinder. Nach einigem Zögern sagte der Junge: »Papa, was ich möchte, bist du. Was ich mir wirklich wünsche, bist du.« *Augenblick, 56*

In Beziehung

Viele junge Leute beklagen sich heutzutage über die großen Spannungen, die sie mit ihren Vätern haben. Sie machen es unmissverständlich klar, dass sie auf ihre Erzeuger zornig sind und mit ihnen nichts mehr zu tun haben wollen. Ist das überhaupt möglich? Wenn du die Leerheit aller Phänomene erkannt hast, bist du dir der Tatsache bewusst, dass auch du dich allein aus Elementen zusammensetzt, die Nicht-Du sind. Schau nur tief in dich hinein! Dann begreifst du, dass du nur eine Fortsetzung deines Vaters bist, dass keiner von euch beiden ein eigenständiges, unabhängiges Selbst hat, dass ihr in wechselseitiger abhängiger Beziehung voneinander existiert, dass ihr eins, das heißt leer, seid. *Schritte, 112*

Ihr seid eins

Ich habe einmal in Montreal, Kanada, vor vielen Zuhörern über die Meditation des Umarmens gesprochen. Ein Mann weinte während meiner Rede. Später erfuhr ich, dass er große Probleme mit seinem Sohn hatte. Sie hatten zwei Jahre lang nicht mehr miteinander gesprochen. Ich sagte: »Dein Sohn bist du selbst. Ihr seid eins. Dein Sohn ist die Fortsetzung deiner selbst. Wenn du eine Zukunft haben möchtest, versöhne dich mit deinem Sohn. Tust du das nicht, wirst du alles verlieren. Wenn du es nicht fertigbringst, die Beziehung zu deinem Sohn wiederherzustellen, wird es auch für deine Mitmenschen, dein Volk keine Zukunft geben.« Der Mann fuhr weinend heim, fest entschlossen, sich mit seinem Sohn zu versöhnen. Zu Hause angekommen, fand er ihn im Wohnzimmer sitzend vor, traurig und allein. Er setzte seine Reisetasche ab, ging auf ihn zu und nahm ihn in die Arme, ganz lange, und ohne ein Wort zu sagen. Anfangs sperrte sich der Sohn gegen die Umarmung und reagierte nicht. Aber der Vater behielt ihn in den Armen und atmete achtsam ein und aus – ihm war bewusst, wie notwendig es war, sich mit seinem Sohn zu versöhnen. Und es geschah ein Wunder! *Schritte, 62*

Angst vor dem Fremden

Viele Menschen fürchten bei der Berührung mit dem Fremden ihre Identität zu verlieren, weil sie sich der Tatsache nicht bewusst sind, dass das Selbst nur aus Nicht-Selbst-Elementen besteht. Nehmen wir die Bevölkerung von Frankreich als Beispiel. Wenn wir sie analysieren und tief schauen, erkennen wir, dass sie sich aus vielen Elementen zusammensetzt, die nichtfranzösisch sind. Genauso ist es mit der Kultur, mit allem. Wir sollten es lernen, uns durch andere Nicht-Selbst-Elemente zu »bereichern« und zu befruchten. Auch der Buddhismus besteht aus nicht-buddhistischen Elementen, das wissen wir sehr wohl, Deshalb sollten wir unser unterscheidendes Denken aufgeben. Wenn es keinen Sonnenschein, keine Wolken, keine Erde gäbe, gäbe es auch keine Rose. Darum müssen wir dem Sonnenschein, der Wolke, der Erde dankbar sein, dass es sie gibt, denn nur durch sie bekommt die herrliche Rose ihre Lebenskraft. Wenn Menschen verschiedener spiritueller Traditionen zusammenkommen, verliert niemand. Das Miteinander-Kommunizieren bringt allen nur Gewinn. *Schritte, 87*

Im Herzen der Bittermelone

Im Herzen der Bittermelone wird die Sonne gehütet, aus dem Dampf einer Schale Suppe im Winter entsteht die Poesie. *Hier und Jetzt, 171*

Die Weisheit der Nicht-Unterscheidung

Betrachte ich meine rechte Hand, dann kann ich darin die Weisheit der Nicht-Unterscheidung sehen. Ich kann mit meiner rechten Hand viele Dinge tun, Gedichte schreiben, die Glocke zum Klang einladen, zeichnen und schreiben. Meine rechte Hand hat schon viel getan, aber sie hat zur linken Hand noch nie gesagt, dass diese zu nichts zu gebrauchen sei. Es gibt keine Diskriminierung zwischen meiner linken und meiner rechten Hand.

Ich wollte einmal ein Bild aufhängen. In der linken Hand hielt ich den Nagel und in der rechten den Hammer. Meine Praxis der Achtsamkeit war nicht sehr gut an diesem Tag. Deshalb schlug ich statt auf den Nagel auf meinen Daumen. Ich hatte starke Schmerzen in meiner linken Hand, aber meine rechte Hand war sich dessen bewusst. Also legte die rechte Hand sofort den Hammer nieder und kümmerte sich um die linke Hand. Die rechte Hand tat alles, was ihr möglich war, damit es der linken Hand etwas besser ging. Sie sagte nicht: »Du solltest dich immer daran erinnern und mir eines Tages deine Dankbarkeit zeigen.«

Nach der Lehre des Buddha ist es möglich, zur Einsicht der Nicht-Unterscheidung zu gelangen, um das Leiden in uns und um uns herum zu mindern. Die Mitglieder einer Familie können sich verhalten wie die fünf Finger einer Hand oder wie die beiden Hände eines Körpers.

Augenblick, 88f

Unser Blumesein

Alle Blumen welken und werden Abfall. Obwohl Abfall stinkt, obwohl es unangenehm ist, Abfall anzufassen, werden wir, wenn wir wissen, wie wir mit dem Abfall gut umgehen, den Abfall zurück in Blumen verwandeln können. Gärtner werfen biologischen Abfall nicht weg. Sie bewahren ihn und kümmern sich um ihn, und in ein paar Monaten wird aus dem Abfall Kompost. Sie verwenden diesen Kompost dazu, Salat, Tomaten und Blumen zu düngen. (...)

Ich denke, es ist wunderbar zu sterben; wenn wir geboren werden und sterben, dann sind wir lebendige Wirklichkeiten wie die Blume und der Abfall. Wir sind lebendig. Alles, was nicht geboren wird, nicht stirbt, nicht wächst, ist nicht lebendig. Lebendig zu sein heißt, geboren zu werden, zu wachsen, alt zu werden, zu sterben, wiedergeboren zu werden, zu wachsen, alt zu werden, zu sterben und so weiter. Wie sollte Leben ohne Veränderung möglich sein?

Eine Blume mag sterben, aber ihr Blumesein nicht.

Hier und Jetzt, 142ff

Im Reinen Land

Als ich noch ein junger Novize war, sagte ich einst zu meinem Lehrer: »Thay, ich werde nicht in das Reine Land gehen, wenn es dort keine Zitronen- und Stechapfelbäume gibt.«

Mein Lehrer schüttelte den Kopf und lächelte. Vielleicht hielt er mich für einen besonders eigensinnigen Schüler. Aber er sagte nie, ob er mir zustimmte oder nicht. Jetzt bin ich sehr glücklich, denn ich weiß, dass das Weltliche und das Reine nur Vorstellungen unseres Geistes sind. Ich bin glücklich, denn ich bin nun sicher, dass es im Reinen Land sowohl Zitronen- und Stechapfelbäume gibt als auch die rötlichen Sandwege mit den Grasbüscheln an den Rändern. *Weg, 30f*

Die Vorstellungen loslassen

Angst wird aus Unwissenheit geboren, aus unseren Vorstellungen bezüglich Leben, Tod, Sein und Nicht-Sein. Wenn wir fähig sind, all diese Vorstellungen loszulassen, indem wir die Wirklichkeit in uns selbst berühren, dann werden wir auch unsere Angst loslassen können und uns erlöst und befreit fühlen. Ein Buddhist strebt danach, die Begriffe von Geburt und Tod zu transzendieren, weil sie nicht auf die Realität anwendbar sind. Gleiches gilt in Bezug auf die Begriffe Sein und Nicht-Sein. Sein oder Nicht-Sein, das ist für einen Buddhisten nicht die eigentliche Frage. Ob wir dagegen über ausreichend Konzentration, Achtsamkeit und Praxis verfügen, um die wahre Natur der Wirklichkeit, das Nirwana, berühren zu können, das ist die entscheidende Frage.

Liebe, 121

Ruhen in Gott

Sehen wir eine Blume oder eine Wolke, können wir erkennen, dass es keine Geburt und keinen Tod gibt, kein Kommen und kein Gehen. Geburt und Tod sind einfach die äußere Erscheinung der Dinge. Schauen wir tiefer, sehen wir, dass nichts geboren wird und nichts stirbt. Können wir das vollkommen akzeptieren, werden wir keine Angst mehr vor dem haben, was kommt und geht. Die christlichen Mystiker haben diese Wahrheit berührt und als »Ruhen in Gott« ausgedrückt. Im Buddhismus bezeichnen wir sie als Nirwana. Wollen wir Nirwana erreichen, müssen wir unsere dualistische Sicht von Geburt und Tod, Kommen und Gehen, Subjekt und Objekt, Innen und Außen loslassen. Unser größtes Hindernis ist unsere dualistische Sicht. Einige Menschen sagen, dass Gott der Schöpfer und die Welt seine Schöpfung sei. Den Schöpfer und die Schöpfung als zwei verschiedene Dinge zu sehen ist eine dualistische Ansicht. *Quelle, 55*

Nicht mehr fürchten

Lassen Sie uns gemeinsam tief die Welle eines Ozeans betrachten. Sie lebt das Leben einer Welle, gleichzeitig aber auch das Leben des Wassers. Könnte die Welle zu sich selbst zurückkehren und ihre wahre Natur, ihr Wesen berühren, das Wasser ist, dann würde sie den Zustand der Angstlosigkeit und damit Nirwana erreichen. Wir haben uns daran gewöhnt, mit Begriffen und Konzepten wie Geburt, Tod, Sein, Nicht-Sein, Einheit und die letztendliche Dimension unseres Seins zu berühren. Das bedeutet, Nirwana zu erreichen. Nirwana kann mit »Erlöschen« übersetzt werden. Was aber erlischt? All unsere Konzepte und Vorstellungen erlöschen, einschließlich der Vorstellungen von Geburt, Tod, Sein und Nicht-Sein. So wie die Welle sich nicht mehr vor dem Tod fürchtet, sobald sie erkannt hat, dass sie gleichzeitig auch Wasser ist, so wird derjenige, der seine wahre Natur berührt hat, sich nicht mehr vor Geburt und Tod fürchten. *Liebe, 117ff*

Quellenverzeichnis

Thich Nhat Hanh
Alles, was du tun kannst für dein Glück. *Übungen für Körper, Seele und Geist.*
Verlag Herder, Freiburg im Breisgau 2010 *(= Alles)*

Thich Nhat Hanh
Auf dem Weg der Achtsamkeit
Verlag Herder, Freiburg im Breisgau 2012 *(= Weg)*

Thich Nhat Hanh
Die Quelle der Liebe. *Wie Partnerschaft dauerhaft gelingt.*
Verlag Herder, Freiburg im Breisgau 2012 *(= Quelle)*

Thich Nhat Hanh
Fünf Pfade zum Glück.
Verlag Herder, Freiburg im Breisgau 2012 *(= Fünf Pfade)*

Thich Nhat Hanh
Im Hier und Jetzt zuhause sein.
Verlag Herder, Freiburg im Breisgau 2010 *(= Hier und Jetzt)*

Thich Nhat Hanh
Jeden Augenblick genießen. *Übungen zur Achtsamkeit.*
Verlag Herder, Freiburg im Breisgau 2011 *(= Augenblick)*

Thich Nhat Hanh
Liebe heißt, mit wachem Herzen leben. *Der Weg zu sich selbst und zu anderen.*
Verlag Herder, Freiburg im Breisgau 2006 *(= Liebe)*

Thich Nhat Hanh
Schritte der Achtsamkeit. *Eine Reise an den Ursprung des Buddhismus.*
Verlag Herder, Freiburg im Breisgau 1998 *(= Schritte)*

Thich Nhat Hanh
The Art of Power. *Die Kunst, mit Macht richtig umzugehen.*
Verlag Herder, Freiburg im Breisgau 2012 *(= Art)*

Für seelische Gesundheit

208 Seiten | Kartoniert
ISBN 9-783-451-03354-4

Hier zeigt Michael Tischinger in 52 kurzen Geschichten die Facetten der Selbstliebe für die seelische Gesundheit auf. Er berichtet von vielem, was ihm selbst oder seinen Patienten widerfahren ist. So sind Geschichten entstanden, die authentisch und berührend sind – und gleichzeitig auf spielerisch leichte Art den Zugang zur Selbstliebe ermöglichen.

In jeder Buchhandlung!

HERDER

www.herder.de

Für Körper, Geist und Seele

320 Seiten | Kartoniert
ISBN 9-783-451-03280-6

Thich Nhat Hanh führt in den innersten Kern dessen, was uns der Buddhismus an zeitlosen Wahrheiten heute zu sagen hat. Klar und inspirierend stellt er das Leben des Buddha vor, die Vier Edlen Wahrheiten, den Achtfachen Pfad und zeigt: Glück finden wir nicht in äußeren Umständen, sondern täglich. Eine Anleitung zur Kunst des guten Lebens und die Quintessenz lebenslanger Praxis eines großen spirituellen Meisters unserer Tage.

In jeder Buchhandlung!

HERDER

www.herder.de